Thronende Gottesmutter, kretisch, um 1600 (von Helmut Fischer).

Helmut Fischer

Maria

im Verständnis der Kirchen und die Gottesmutterikone

Michael Imhof Verlag
Petersberg 2006

Helmut Fischer: **Maria im Verständnis der Kirchen und die Gottesmutterikone**,
Michael Imhof Verlag, Petersberg 2006.

Stettiner Straße 25, D-36100 Petersberg
Tel. 0661/962 82 86, Fax 0661/6 36 86
www.imhof-verlag.de

Gestaltung u. Reproduktion: Michael Imhof Verlag
Druck: Heinrich Delp GmbH Bad Windsheim
Printed in EU

ISBN 3-86568-097-6

Inhalt

Vorwort 7

Klärendes zu den Konfessionsbezeichnungen 8

1. Hinführung 12

Ikonen – Bilder einer fremden Kultur 12
Die Irreführung durch vermeintlich Bekanntes 12
Die konfessionell unterschiedlichen Marienverständnisse 13
Verstehen bedeutet Brücken schlagen 14
Wie gehen wir vor? 14
Die römisch-katholische Kirche artikuliert ihr Marienverständnis in Dogmen 15

2. Maria die Gottesmutter 17

Zur Gottesmutter wird Maria erst durch die Kirche 17
Die Ostkirche betont die Frömmigkeitspraxis 17
Die römisch-katholische Kirche erschafft ein Dogma 18
Die Verehrung der Gottesmutter 19
Die Gottesmutter wird zur Beschützerin 20
Maria im Neuen Testament 21
Protestanten verweisen auf die Zeugnisse der Bibel 25

3. Maria die Immerjungfrau 26

Die Entwicklung geht weiter 26
Die orthodoxe Praxis 27
Das römisch-katholische Dogma 29
Was sagt die Bibel zur Geburt Jesu aus der Jungfrau Maria? 30
Das Dilemma der römisch-katholischen Bibelwissenschaftler 35
Die protestantische Position 38

4. Maria die unbefleckt Empfangene 40

Das römisch-katholische Dogma. Der Inhalt 40
Die orthodoxe Position 44
Der protestantische Einspruch 45

5. Die leibliche Aufnahme Marias in den Himmel **48**
Das römisch-katholische Dogma 48
Die orthodoxe Position 49
Der protestantische Einspruch 50

6. Zusammenfassendes **53**
Die orthodoxen Kirchen 53
Die römisch-katholische Kirche 56
Wie Protestanten Maria, Marienfrömmigkeit und Mariendogmen sehen 65

7. Die autonomen Gottesmutterikonen **73**
Zur Vorgeschichte 73
Die Orans / die bittende Gottesmutter 77
Die thronende Gottesmutter 84
Die Hodegetria / die den Sohn präsentierende Gottesmutter 88
Die Glykophilousa / die Umilenie / die mütterliche Gottesmutter 98

8. Einige nichtautonome Gottesmutterikonen **108**
Entschlafen der Gottesmutter 108
Gottesmutter Verschlossener Garten / hortus clausus 110
Gottesmutter Unverbrennbarer Dornbusch 110
Gottesmutter Lebenspendende Quelle / Zoodochos Pege 114
Gottesmutter Aller Leidenden Freude 115
Gottesmutter Schutzmantel / Pokrov 117
Versammlung / Synaxis der Gottesmutter 118
Die Gottesmutter von Achtyrka 120
Weine nicht um mich, Mutter 124

Zitierte Literatur **125**

Vorwort

Dieses Buch wurde durch Gespräche in meinen Ikonenmalkursen angeregt. In den morgendlichen Besinnungen hatte ich die Grundtypen der Gottesmutterikonen dargestellt und in diesem Zusammenhang die unterschiedlichen Marienverständnisse in Orthodoxie, Katholizismus und Protestantismus charakterisiert. Die Gespräche, die das auslöste, zeigten, dass die Teilnehmer weder das Marienverständnis der eigenen Kirche noch das der anderen Kirchen zureichend kannten.

Katholiken waren darüber sehr verwundert, was ihnen die Mariendogmen ihrer Kirche an inhaltlicher Zustimmung abverlangen; sie waren erstaunt, dass Protestanten Maria nicht verehren, und sie projizierten ihr sehr persönliches Marienverständnis in die orthodoxen Marienikonen hinein, ohne deren Selbstverständnis zu kennen.

Protestanten waren über die Inhalte der katholischen Mariendogmen noch mehr verwundert, hatten aber von der Mutter Jesu, wie sie uns in den neutestamentlichen Schriften begegnet, nur sehr vage Vorstellungen. In der konfessionell gemischten Gruppe erwies sich das Gespräch über Maria und erst recht über die Marienikonen stets als sehr schwierig, da jeder vom eigenen Marienverständnis her argumentierte und außerdem ein gemeinsames Grundwissen über das Marienverständnis der Orthodoxie fehlte.

Der Wunsch nach einer verständlichen Einführung in die konfessionell so unterschiedlichen Verständnisse, Zugänge und Verhaltensweisen zur Mutter Jesu war entsprechend groß. So habe ich diese Einführung in das Marienverständnis der christlichen Konfessionen und in die Grundtypen der Marienikonen in der Hoffnung geschrieben, dass sie vielen Ikonenfreunden hilft, diese Ikonen besser zu verstehen und mit anderen fruchtbare Gespräche darüber zu führen. Möge dieses Buch auch als Impuls zu ökumenischen Gesprächen aufgenommen werden.

Da Sachbücher nicht in einem Zug, sondern eher abschnittweise gelesen werden, habe ich mich bemüht, die Kapitel in sich verständlich zu gestalten. Dazu habe ich, wo es mir nötig schien, bewusst Wiederholungen in Kauf genommen.

Klärendes zu den Konfessionsbezeichnungen

Was bedeutet „katholisch"?

Die Christen aller Konfessionen bekennen seit dem 4. Jahrhundert die „eine heilige katholische und apostolische Kirche". Zwar sind alle der vier genannten Charakteristika der Kirche erklärungsbedürftig, aber in unserem Zusammenhang soll nur auf die mehrdeutige Bezeichnung „katholisch" eingegangen werden.

Das Wort „katholisch" wurde in der Reformationszeit als Lehnwort von dem kirchenlateinischen *cathólicus* übernommen, geht aber auf das griechische *katholikós* zurück. Mit dem griechischen *katholikós* wird das bezeichnet, was zusammen ist / was in eins gehört / was das allen Gemeinsame bewahrt. In der frühen Kirche wurde mit diesem Wort jener Glaube bezeichnet, der als Konsens auch von den ökumenischen Konzilien formuliert und von den Gemeinden weltweit anerkannt und bekannt wurde. „Katholisch" bedeutete also: allgemein christlich / universal / weltweit gültig / rechtgläubig.

Die organisatorisch ungeteilte katholische Kirche zerbrach aber, als der römische Papst Nikolaus I. (863) und danach Photios, der Patriarch von Konstantinopel (867) einander mit Bannflüchen belegten und exkommunizierten. Diese Spaltung in eine Ost- und Westkirche wurde 1054 bestätigt und definitiv. Beide Kirchen reklamierten fortan für sich, in exklusiver Weise den einen allumfassenden und apostolischen Glauben zu bewahren und verstanden sich allein als im ursprünglichen Sinn katholisch.

In Rom wurde, besonders seit dem 12. Jahrhundert, „katholisch" immer eindeutiger mit „römisch" gleichgesetzt. Im Konzil von Trient (1545 – 1563), hat sich die rom- und papstzentrierte Kirche des Westens als die „Heilige katholische apostolische *Römische* Kirche" definiert. Sie nimmt mit der Bezeichnung „römisch" im Widerspruch zu ihrem Selbstverständnis den Charakter einer christlichen Konfession neben und im Gegensatz zu anderen christlichen Konfessionen an, ohne freilich ihren Absolutheitsanspruch aufzugeben. „Katholisch" bedeutete für Rom ab jetzt „römisch". Im Lehrbekenntnis von Trient wurden alle Amtsträger auf die „heilige *römische* Kirche" verpflichtet. Der vom

Trienter Konzil angeregte Katechismus wurde mit Bedacht „Römischer Katechismus“ genannt. 1568 wurde das „Römische Brevier“ und 1570 das „Römische Messbuch“ veröffentlicht. Der umfassende Begriff „katholisch“ wurde damit auf die römische Traditionslinie verengt. Diese aber wurde zugleich als die Fülle und Ganzheit der im ursprünglichen Sinne katholischen Tradition verstanden.

Was bedeutet „orthodox“?

Die Ostkirche hat nie aufgehört, sich als katholisch im ursprünglichen Sinne zu verstehen. Mit ihrer Selbstbezeichnung „orthodox“ bringt sie zum Ausdruck, dass sie sich als die Kirche versteht, die das urchristliche, apostolische und frühchristliche Erbe einschließlich der sieben ökumenischen Synoden im Gegensatz zur Kirche des Westens unverfälscht bewahrt hat. Der Anspruch der Rechtgläubigkeit (Orthodoxie) wird aber nicht auf formal richtige Glaubenslehren bezogen, sondern auf jenen wahren und richtigen Glauben, der sich im Lobpreis Gottes verwirklicht. N. Thon (orth.) dazu: „Nicht primär als belehrende, sondern als Gott preisende, betende Gemeinschaft versteht sich daher die orthodoxe Kirche“ (Thon b, 921). Zugespitzt formuliert: „Die orthodoxe Kirche hat ... keine Tradition (im Sinne von Glaubenslehren), sie lebt die Tradition“ (ebenda).

Das Wort „orthodox“ ist aus zwei Wörtern zusammengesetzt. *Orthós* ‚der 1. Wortteil, bedeutet: recht / richtig. Der 2. Wortteil (dox) hat zwei unterschiedliche Wurzeln. Er wird zum einen aus dem Wort *doxazein* in der Bedeutung von lobpreisen hergeleitet und weist auf das Zentrum orthodoxen Glaubens, nämlich auf den Lobpreis des dreieinigen Gottes hin. Die andere Wurzel liegt in dem Wort *dokein* mit der Bedeutung von meinen / glauben. Diese Bedeutung weist darauf hin, dass rechter Glaube aus dem rechten Lobpreis erwächst. Die Selbstbezeichnung „orthodox“ wird heute allerdings von Orthodoxen wie von Nichtorthodoxen in der Umgangssprache nicht in diesem inhaltlichen Sinn, sondern in erster Linie als Konfessionsbezeichnung verstanden.

Was heißt „protestantisch“?

Bei allem Widerspruch, den Protestanten gegen Mariendogmen und Marienverehrung vorbringen, ist daran zu erinnern, dass der

Protestantismus sein Wesen nicht im Widerspruch gegen etwas hat. Darauf weist bereits das Wort „Protestant" hin, das aus den lateinischen Worten *pro* und *testari* zusammengesetzt wurde. *Testari* bedeutet: etwas bezeugen / Zeuge von etwas sein. Ein christlicher *protestans* ist demnach einer, der sein Zeugnis für Christus auch öffentlich zum Ausdruck bringt und der seinen Einspruch und Widerspruch dort äußert, wo er dieses Christuszeugnis, wie es uns in den neutestamentlichen Schriften vorliegt, nach seinem Verständnis verdunkelt, überfremdet und durch fremde Elemente zugedeckt sieht.

Demnach ist das Protestantische allein im Evangelium (der guten Botschaft der Bibel) begründet, auf dieses Evangelium bezogen und durch dieses Evangelium legitimiert. Evangelisch sein heißt, sich in Glaubensfragen ausschließlich jener Botschaft, wie sie uns in den neutestamentlichen Schriften überliefert ist, verpflichtet zu wissen. Diese Bindung an den Geist, der sich in den biblischen Texten äußert, soll als alleiniger Maßstab christlichen Glaubens gelten. Das wird in Kurzform durch das protestantische Bekenntnis zur „*sola scriptura* / allein die Schrift" zum Ausdruck gebracht.

Zur Überraschung vieler Katholiken sei gesagt, dass sich Protestanten selbstverständlich als katholisch im ursprünglichen Wortsinn verstehen. Luther charakterisiert seinen Glauben ausdrücklich als eine *fides catholica,* als katholischen Glauben. Calvin ebenso. Die Bekenntnisschriften der lutherischen und reformierten Kirchen definieren sich bewusst als „katholische Bekenntnisse". Daran hat sich bis heute nichts geändert. Protestanten sei aber auch in Erinnerung gerufen, dass Katholiken ihren Glauben ebenfalls in der biblischen Botschaft begründet sehen und ihn insofern als evangelisch verstehen.

Der Bedeutungswandel von „katholisch"

Das Wort „katholisch" ist im theologischen Selbstverständnis aller christlichen Konfessionen inhaltlich noch fest verankert. Im volkstümlichen Sprachgebrauch hingegen hat es diese ursprüngliche Bedeutung weitgehend verloren und ist zur gängigen Konfessionsbezeichnung für die römisch-katholische Kirche geworden. Das wurde von der römisch-katholischen Kirche insofern gefördert als man mit „katholisch" die Legitimität des Ursprünglichen und den Anspruch des allein Wahren und Absoluten verbinden konnte. Selbst offizielle Verlautbarungen der römisch-katholischen Kirche lassen in Deutschland das „römisch“ weg und sprechen nur von der „Katholischen Kirche“, vom „Katholischen Katechismus“, von der Katholischen Erwachsenenbildung. Oft wird sogar die Bezeichnung „katholisch“ noch weggelassen und nur von „der Kirche“ oder von der „Deutschen Bischofskonferenz“ gesprochen, so als gäbe es Kirche und Bischöfe nur in römisch-katholischer Gestalt. Diese Sprachregelungen bringen das Selbstverständnis der römisch-katholischen Kirche sehr wirksam zum Ausdruck, denn diese versteht sich ja tatsächlich als die christliche Konfession, in der allein die Fülle der christlichen Wahrheit verwirklicht ist. Konsequenterweise werden die evangelischen Kirchen auch nicht als Kirchen, sondern abwertend nur als „kirchliche Gemeinschaften“ gesehen und bezeichnet.

Besonders verwirrend ist die Verwendung des Wortes „katholisch“ in der deutschsprachigen Fassung des Glaubensbekenntnisses. Römisch-katholische Christen, die in der Messe ihren Glauben mit den Worten bekennen: „Ich glaube an ... die heilige katholische Kirche“ und dabei ihre römisch-katholische Kirche *meinen*, gliedern sich damit selbst, ohne sich dessen bewusst zu sein, aus jener alle Christen umfassenden einen Kirche aus, die in den altkirchlichen Bekenntnissen mit dem Wort „katholisch“ ja gerade in den Blick gebracht werden soll. Freilich, indem sie das Wort „katholisch“ mit „römisch-katholisch“ gleichsetzen, entsprechen sie sehr genau dem Selbstverständnis ihrer Kirche, das ihnen zu glauben ja aufgegeben ist. Die römisch-katholische Kirche sieht nämlich die Einheit der Kirche, d. h. die Ökumene, in ihrem eigenen Kirchenwesen auch ohne die anderen bereits voll verwirklicht.

Da das Wort „katholisch“ im heutigen allgemeinen Sprachgebrauch als Bezeichnung der römisch-katholischen Kirche verstanden wird und somit nicht mehr dem entspricht, was in den altchristlichen Bekenntnissen damit gemeint war, haben die protestantischen Kirchen das doppeldeutige und daher missverständliche Wort „katholisch“ im Glaubensbekenntnis mit dem umfassenderen Begriff „christlich“ übersetzt, um so die alle Konfessionen umgreifende Dimension von christlicher Kirche zum Ausdruck zu bringen und im Bewusstsein zu halten.

1. Hinführung

Ikonen – Bilder einer fremden Kultur

Ikonen sind Botschaften, und zwar Botschaften in der Sprache des Bildes. Wollen wir diese Botschaften verstehen, so müssen wir zum einen die Sprache dieser Bilder kennen und zum anderen mit Hilfe dieser Sprache den Inhalt der Botschaft lesen lernen. Beides ist deshalb nicht so selbstverständlich wie es scheinen mag, weil Ikonen nicht Bilder unserer westlichen Kultur, sondern Kultbilder der östlichen Christenheit sind. Sie stammen aus einer Welt, die sich nach Sprache und Inhalten in wesentlichen Punkten von unserer westlichen Kultur unterscheidet. Wer also Ikonen als Ikonen und nicht als westliche Bilder verstehen will, der muss sie so verstehen lernen, wie sie in der Kultur gemeint sind, aus der sie hervorgegangen sind. Das gilt in besonderer Weise für die Ikonen der Gottesmutter Maria.

Die Irreführung durch vermeintlich Bekanntes

Für westliche Menschen ruft der Name „Maria" ein ganzes Bündel von Gedanken und Vorstellungen auf, nämlich die Vorstellungen, die in unserer eigenen religiösen Erziehung und Bildung aufgebaut worden sind. Wenn wir als westliche Menschen vor einer Marienikone stehen, so werden wir dieses Bild spontan mit eben jenem Vorwissen über Bilder und über Maria verstehen, das wir aus unserer westlichen Kultur mitbringen.

Wer eine fremde Sprache gelernt hat, der weiß, dass man dort besonders vorsichtig sein muss, wo ein Wort der fremden Sprache fast genauso wie ein Wort der eigenen Sprache klingt. Das ist der tückische faux ami, der falsche Freund. Wenn Sie bei einem italienischen Kellner ein Bier bestellen und weltmännisch hinzufügen: „Aber ‚caldo' bitte!", so wird Sie der freundliche Kellner etwas ratlos ansehen. Nicht, weil er Ihnen kein kaltes Bier bringen könnte, sondern weil das italienische caldo nicht kalt, sondern heiß bedeutet. Ein deutscher Geschäftsmann, der nicht weiß, dass sein amerikanischer Kollege mit „billion" nicht die deutsche Billion meint, sondern unsere Milliarde, also drei Nullen weniger, der hätte wohl keine große Karriere vor sich. Die Irreführung durch das Ähnliche geschieht nicht nur in der Wortsprache, sondern auch in der Sprache der Bilder. So gilt in unserer Kultur die Farbe weiß als ein Ausdruck der Freude und des Beginns (weißes Taufkleid, weißes Brautkleid), während in Indien das Weiß die Farbe der Trauer ist. Diese Beispiele wollen nur eines deutlich machen: Wir können und dürfen in die Marienikone der orthodoxen Kirche nicht das hineinsehen, was wir als westliche Christen mit dem Namen „Maria“ verbinden.

Die konfessionell unterschiedlichen Marienverständnisse

Schon ein oberflächlicher Blick auf die Konfessionen zeigt, dass die Gestalt der Maria im Leben und Denken von katholischen und evangelischen Christen in höchst unterschiedlicher Weise verankert ist. Man kann sogar sagen, dass es in der Glaubenspraxis und in der Theologie nur wenige Elemente gibt, die von den Konfessionen so unterschiedlich gesehen werden wie gerade Maria. Davon wird im einzelnen zu sprechen sein. Hier sei zunächst nur daran erinnert, dass der Protestantismus keinerlei Marienkult kennt. Das heißt: Marienfeste, Marienmonate, Marienandachten, Marienerscheinungen, Marienwallfahrten, Mariendarstellungen, Mariengebete, marianische Vereinigungen u. v. a. m. sind ihm unbekannt. Die protestantische Theologie hat im Unterschied zur römisch-katholischen Theologie auch keine Marienlehre (Mariologie) entwickelt. Die protestantischen Kirchen kennen keine Mariendogmen, sie rufen keine marianischen Jahre aus und sie weihen weder Völker, noch Städte, noch Kirchen der Maria. Dem Protestantismus ist all das fremd, was katholische Christen in ihrer Marienfrömmigkeit als selbstverständlich praktizieren und worauf sie in ihrem Marienverständnis durch die Marienlehre ihrer Kirche verpflichtet sind.

Weniger sichtbar, aber auch beachtlich groß ist der Unterschied, der im Marienverständnis zwischen der orthodoxen und der römisch-katholischen Kirche besteht. Da aber die Marienverehrung in beiden Kirchen ähnliche Züge hat, neigen katholische Christen dazu, ihr eigenes Marienverständnis unbewusst in die ostkirchlichen Marienikonen hineinzutragen. Dabei werden die

Marienikonen unwissentlich zu Projektionswänden, auf denen man lediglich das eigene Marienverständnis wiederfindet. Die Botschaft im Sinne der Ikonen wird dabei stark verändert oder verfremdet.

Verstehen bedeutet Brücken schlagen

Als westliche Menschen müssen wir damit Ernst machen, dass uns in den Ikonen etwas Fremdes entgegen tritt. Das Verstehen eines uns Fremden gleicht dem Versuch, eine Brücke zwischen dem eigenen und dem fremden Ufer zu bauen. Das kann nur dann gelingen, wenn man die Fundamente für die Brücke und deren Umfeld auf beiden Seiten genau kennt. Um die Marienikonen angemessen, das heißt ihrem Selbstverständnis gemäß, zu erfassen, müssen zwei Dinge geklärt werden:

1. Was verbindet meine eigene Kirche mit der Gestalt der Maria und wie versteht sie das Marienbild. Mein persönliches Marienverständnis wird darin irgendwo seinen Ort haben.
2. Wie wird Maria in der orthodoxen Kirche gesehen und welche Botschaft vermittelt die Marienikone dem orthodoxen Christen. Von ihrem Wesen her sperrt sich die Ikone gegen die Versuche des westlichen Betrachters, die je eigenen Gedanken in sie hineinzulesen.

Wenn sich Protestanten und Katholiken gemeinsam um ein Verständnis der orthodoxen Marienikone bemühen, so müssen sie für ihr Gespräch außerdem noch die Position des jeweils anderen kennen, damit es zu einem sinnvollen und vernünftigen Dialog kommen kann. Im Folgenden geht es also darum, die konfessionellen Profile im Marienverständnis herauszuarbeiten.

Wie gehen wir vor?

Die gemeinsame inhaltliche Basis für alle drei christlichen Konfessionen ist die Bibel. Das gilt selbstverständlich auch für das Marienverständnis und für die Marienikone. Deshalb wird jeweils zu klären sein, was dem Neuen Testament über Maria zu entnehmen ist. Eine ausgeführte kirchliche Marienlehre hat nur die römisch-katholische Kirche ausgebildet. Da wir uns Fremdes stets von dem uns Bekannten her erschließen, scheint es mir daher methodisch sinnvoll, im Grundaufbau den Hauptthemen dieser Marienlehre zu folgen und dazu die Positionen der protestantischen und der orthodoxen Kirchen in ein Verhältnis zu setzen. Dabei wird der Blick auf den Entstehungsprozess einzelner Lehrinhalte gelegentlich hilfreich sein.

Die römisch-katholische Kirche artikuliert ihr Marienverständnis in Dogmen

Im Laufe von zwei Jahrtausenden hat die römisch-katholische Kirche ihr Marienverständnis in einer wachsenden Zahl von marianischen Dogmen zum Ausdruck gebracht und festgeschrieben. Diese Dogmen gehören für jeden katholischen Christen zum verbindlichen Lehrinhalt seines Glaubens. Ein Dogma ist nach römisch-katholischem Verständnis ein Lehrsatz, der eine von Gott geoffenbarte Wahrheit endgültig und allgemein verbindlich ausspricht und vom Lehramt der Kirche allen Getauften zu glauben vorgelegt, d. h. vorgeschrieben wird. Nach dieser Definition werden Dogma und göttliche Offenbarung gleichgesetzt. „Glauben" meint in diesem Zusammenhang einen „Akt des zustimmenden Verstandes". Die Getauften haben mit Verstand dem Dogma so zuzustimmen, wie es vom kirchlichen Lehramt gemeint ist. Wer das nicht ausdrücklich tut oder den Sinn des Dogmas verändert, der zieht sich die Exkommunikation, d. h. den Ausschluss aus der Sakramentsgemeinschaft zu. Dogmatische Lehrsätze stehen demnach für eine freie Auslegung nicht zur Debatte, denn sie sind als göttliche Offenbarung in ihrem Sinngehalt von der Kirche verbindlich festgelegt.

Das alles gilt auch für die vier Dogmen, in denen die römisch-katholische Kirche ihr Marienverständnis in gültiger Form zum Ausdruck bringt. Das sind:

1. Maria ist Gottesmutter.
2. Maria hat Jesus ohne Zutun eines Mannes empfangen; sie ist immer Jungfrau geblieben.
3. Maria ist von der Erbsünde frei, d. h. sie selbst ist unbefleckt empfangen worden.
4. Maria ist nach ihrem Erdenleben mit Leib und Seele in Gottes Herrlichkeit, d. h. in den Himmel aufgenommen worden.

Die neutestamentlichen Schriften kennen keine Dogmen. Dogmen sind Schöpfungen der Kirche. Die römisch-katholische Kirche versteht ihre Dogmen zum einen als Verdeutlichungen der biblischen Offenbarungsbotschaft und zum anderen als „Ausdruck von Wahrheit und Wirklichkeit, die in der kirchlichen Gemeinschaft erkannt und in der Praxis gelebt werden“ (Beinert, 90).

2. Maria die Gottesmutter

Zur Gottesmutter wird Maria durch die Kirche

In den Evangelien ist von Maria mehrfach als der leiblichen Mutter Jesu von Nazaret die Rede. Historisch steht außer Frage, dass Maria die Mutter Jesu war. Nur, Mutter Jesu und Mutter Gottes ist nicht ohne weiteres das Gleiche. Es bedurfte eines Weges von vier Jahrhunderten, ehe Maria der Ehrentitel „Gottesmutter" zugesprochen wurde. Im Neuen Testament wird sie nirgendwo so bezeichnet. In den ersten Jahrhunderten der Kirche ist über ihre leibliche Mutterschaft hinaus theologisch-systematisch nicht weiter über sie nachgedacht worden. Erst als man sich darüber Gedanken zu machen begann, wie die göttliche Sendung Jesu und seine Person zu verstehen sei, kam auch Maria in den Blick.

In den neutestamentlichen Schriften wird Jesus oftmals als „Sohn Gottes" bezeichnet. Das führte zu Beginn des 4. Jahrhunderts zu der Frage, wie sich denn das Göttliche im Menschen Jesus zur Gottheit des Vaters verhält. Die 1. ökumenische Synode entschied 325 in Nicäa, dass das Göttliche in Jesus und das Göttliche des Vaters wesensgleich sind. Daraus folgte, dass die Person Jesu nicht nur als wahrer Mensch, sondern auch als wahrer Gott zu verstehen ist. Im Blick auf die Mutter Jesu stellte das Konzil von Ephesus 431 daher fest: Da Jesus von göttlichem Wesen ist und die menschliche und göttliche Natur Jesu in seiner Person zur Einheit verbunden sind, ist seine leibliche Mutter als „Gottesgebärerin" (Theotokos) zu sehen. Das wurde in der lateinisch sprechenden Christenheit mit „Gottesmutter" oder mit „Mutter Gottes" übersetzt.

Die Ostkirche betont die Frömmigkeitspraxis

Für die orthodoxen Kirchen gehört der Titel „Gottesgebärerin" oder „Gottesmutter" zum festen Bestandteil des christlichen Bekenntnisses. Dieses Bekenntnis äußert sich aber nicht als Zustimmung zu einer von Gott geoffenbarten Lehre, sondern in der Teilnahme am hymnischen Marienlob, dessen Ort die Liturgie ist. Die orthodoxe Kirche zeigt wenig Interesse an einer bis in alle Einzelheiten durchdachten und ausformulierten Lehre über Maria, die Rechtscharakter hat und der alle Gläubigen zustimmen müssten. Ihr Bekenntnis zu Maria, der Gottesmutter, ist kein Akt verstandesmäßiger Zustimmung, sondern eine Sache der praktizierten Anbetung.

Wenn die Gottesmutterschaft der Maria besungen wird, so geht es in der orthodoxen Kirche im Kern stets um Aussagen über Christus. Das zeigt die folgende Passage aus einem Hymnus zu Ehren der Gottesmutter.

„Du hast ohne Vater den Sohn im Fleische geboren,
der vor der Zeit vom Vater ohne Mutter geboren wurde,
und dabei keiner Veränderung oder Vermischung
oder Trennung unterlag,
sondern die Eigenheiten beider Wesenheiten unversehrt bewahrte...“

Dieser Hymnus übersetzt die berühmte theologische Bekenntnisformel der Synode von Chalcedon 451, in der gesagt wird, dass die göttliche und die menschliche Natur in Christus zur Personeinheit zusammenfinden und dabei doch unvermischt, unverwandelt, ungetrennt und ungesondert bleiben.

Die römisch-katholische Kirche erschafft ein Dogma

Das Religionsverständnis der Kirche des Westens ist von anderer Art. Es hatte von Beginn an einen ausgeprägten Rechtscharakter. Das ist ein Erbe der vorchristlichen römischen Religion, die das Verhältnis zwischen Gott und den Menschen in erster Linie als ein Rechtsverhältnis verstand, in dem alles klar geregelt sein musste, auch in Fragen der Theologie. Was die östliche Welt in der Liturgie im Lobpreis praktizierte, das drängte im Westen zu klaren begrifflichen Definitionen. Im Konzil von Trient (1545 – 1563), in dem sich die bis dahin katholische Kirche in Abgrenzung zum Protestantismus als *römisch*-katholische Kirche definierte, war bereits von Dogmen die Rede, freilich noch unspezifisch im Sinne von Glaubensregeln. Die Vorstellung eines in Sätze gefassten Wahrheitsverständnisses in Glaubensfragen setzte sich erst im 1. Vatikanischen Konzil von 1869/70 vollständig durch. Danach ist die christliche Wahrheit für alle Christen verpflichtend in jenen Lehrsätzen (= Dogmen) festgeschrieben, die in feierlichen Lehrentscheidungen vom Papst oder Konzil unrevidierbar als authentische Auslegung der Offenbarung formuliert werden. Zeitgleich mit diesem Dogmenverständnis wird auch das Dogma von der Unfehlbarkeit des Papstes 1870 ausgerufen. Es sagt, dass der Papst unfehlbar ist und vom Irrtum bewahrt bleibt, wenn er als oberster Lehrer der Gesamtkirche letztverbindlich über Fragen des Glaubens und der Sitte urteilt. Das 2. Vatikanische Konzil (1962 – 65) hat dieses Dogma ausdrücklich bestätigt. Damit ist auch das Marienverständnis der römisch-katholischen Kirche im Sinne jenes unfehlbaren und nicht veränderbaren Dogmas festgeschrieben. Dieser Lehre ist religiöser Verstandes- und Willensgehorsam entgegenzubringen.

Die Verehrung der Gottesmutter

Gottesmütter in vorchristlichen Religionen

Die Verleihung des Ehrentitels „Gottesmutter" an Maria durch das Konzil von Ephesus 431 wurde in der damaligen Welt mit lebhafter Zustimmung aufgenommen. Das ist nicht verwunderlich, denn die religiöse Umwelt des jungen Christentums war von Ägypten über Rom, Griechenland und Kleinasien bis in das Zweistromland von Kulten der „Großen Mutter" (Magna mater) erfüllt. Das waren: Isis mit ihrem Sohn Horus in Ägypten, Kybele in Kleinasien, besonders in Phrygien, Artemis und Demeter in Griechenland, Diana im römischen Bereich und die aus dem Zweistromland kommende Ischtar, die in vielen Spielarten als Astarte, Attart und unter anderen Namen vielerorts verehrt wurde.

Ein Erbe der vorchristlichen Religionen

Als Konstantin d. Gr. (gest. 337) die Kirche zur Reichskirche machte, strömten die Menschen aus den Kulten und Religionen des römischen Reiches in die christliche Kirche ein. Der im 3. Jahrhundert in der Kirche aufkeimende Marienkult erhielt dadurch großen Auftrieb, denn die aus den Kulten der Muttergottheit kommenden Menschen konnten in Maria ihre bekannte große Muttergöttin wiedererkennen und verehren. Es gab im 4. Jahrhundert sogar eine christliche Sekte, die Maria ausdrücklich als Göttin verehrte. Mancherorts gab es Tendenzen, den Heiligen Geist in der Trinität (Dreifaltigkeit/Dreieinigkeit) durch Maria zu ersetzen, oder die Trinität durch Maria zur Quaternität (Vierheit) zu erweitern. Die Kirche hatte Mühe, den in der Volksfrömmigkeit ausufernden Marienkult in vertretbaren Bahnen zu halten.

Marienlegenden waren bereits seit der Mitte des 2. Jahrhunderts im Umlauf. Im Osten wurden seit dem 3. Jahrhundert Marienhymnen gedichtet. Im 4. Jahrhundert wurden erste Kirchen nach Maria benannt und erste Marienfeste gefeiert. Um 400 beginnt man Maria anzurufen. Die ersten eigenständigen Marienbilder entstanden im 5. Jahrhundert. Ist es lediglich ein Zufall, dass gerade in Ephesus, wo Maria den Ehrentitel „Gottesgebärerin" erhielt, der berühmte Tempel der Muttergöttin Artemis stand, der wegen seiner Größe und Pracht zu den sieben Weltwundern gezählt wurde? Mit dem Bekenntnis zur Gottesmutter hat die Alte Kirche Maria in ein unauflösbares Verhältnis zu Christus gesetzt und damit zugleich die in der Volksfrömmigkeit vorhandenen Tendenzen eingedämmt, Maria als eine eigenständige Göttin zu verehren.

Der zunächst skeptische Westen übernimmt und steigert den Marienkult

Dem Marienkult gegenüber verhielt sich der Westen in den ersten Jahrhunderten zurückhaltend bis abweisend. Man vermied, Maria in die Nähe von heidnischen Göttinnen zu bringen. Noch beim Kirchenvater Augustinus (gest. 430) begegnen uns weder Hymnen noch Gebete an Maria noch Marienfeste. Das sollte sich in den kommenden Jahrhunderten grundlegend ändern. Das Interesse an Maria wuchs hier sowohl in der Volksfrömmigkeit wie auch in der Theologie. Im 12. Jahrhundert erreichte der Marienkult im Westen sogar eine gewisse Selbständigkeit.

Die Gottesmutter wird zur Beschützerin

Aus dem Muttertitel der Maria wurden verschiedene weitere Mutterschaftsgedanken entwickelt. Verstand man Eva nach 1. Mose 3,20 als Mutter allen Lebens (Eva, hebräisch chawwa, bedeutet Leben), so sah man jetzt in Maria die Mutter des neuen Lebens, ja, unser aller Mutter und die Mutter der Gnade und Barmherzigkeit. In dieser Rolle nimmt man sie vor allem als Beschützerin in Anspruch. Das bringt zum Beispiel die Darstellung der im 14. Jahrhundert entstandenen Schutzmantelmadonna in drastischer Weise zum Ausdruck. Sie sammelt, beschwichtigt und beschützt unter ihrem weiten Mantel die Gläubigen, die vor dem Zorn des Sohnes und vor seinem Gericht zu ihr fliehen. Früh wurde auch die Tendenz spürbar, Maria als Mutter und als Urbild der Kirche zu verstehen, ein Gedanke der in der römisch-katholischen Kirche noch sehr produktiv weiterentwickelt werden sollte.

Maria im Neuen Testament

Das Neue Testament kennt keine Gottesmutter

Der Titel „Gottesmutter" taucht im Neuen Testament nicht auf. Ist er durch die neutestamentlichen Schriften dennoch begründbar und gedeckt? Entwickelt wurde er ja aus der Vorstellung, dass in der Person Jesu die menschliche und die göttliche Natur geeint sind, und Maria mit Jesu menschlicher Natur auch dessen göttliche Natur zur Welt gebracht hat. Angeregt sind diese Überlegungen von jenen Texten, in denen Jesus als „Sohn Gottes" bezeichnet wird.

„Sohn Gottes" nach jüdischem Verständnis

Fragen wir also, was im Neuen Testament mit „Sohn Gottes" gemeint ist und darüber gesagt wird. Für unser westliches Denken scheint es selbstverständlich, dass mit „Sohn" der leibliche Nachkomme eines Vaters und einer Mutter gemeint ist. War das in der Kultur Israels und des Judentums zur Zeit Jesu auch so selbstverständlich? In der jüdischen Welt war von Söhnen Gottes in zwei Zusammenhängen die Rede: Zum einen wurde das Volk Israel als Sohn Gottes verstanden, und zwar deshalb, weil es von Gott zu seinem Volk erwählt worden war. Nach 2. Mose 4,22 wird Mose von Gott beauftragt, dem ägyptischen Pharao mitzuteilen: *„Israel ist mein erstgeborener Sohn.* Lass meinen Sohn ziehen, damit er mich verehren kann." Zum anderen galt auch Israels jeweiliger König als Sohn Gottes. Nicht, weil er Gott zum leiblichen Vater hatte, sondern weil er von ihm in einer Krönungszeremonie zu seinem Sohn adoptiert wurde. Die Adoptionsformel ist in Psalm 2,7 erhalten. Sie lautet: *„Mein Sohn bist du, heute habe ich dich gezeugt."*

Das bedeutet: Die jüdische Welt verstand unter „Sohn Gottes" nicht einen leiblichen Nachkommen Gottes; das hätte man als eine geradezu gotteslästerliche Vorstellung empfunden. Zum Sohn Gottes wurde man vielmehr dadurch, dass man von Gott zum Sohn adoptiert wurde.

Diese jüdische Vorstellung liegt auch der Geschichte von der **Taufe Jesu** zugrunde, die im Markusevangelium (1,9ff) dem öffentlichen Wirken Jesu vorangestellt ist. Es heißt dort: „Als er aus dem Wasser stieg, sah er, dass der Himmel sich öffnete und der Geist wie eine Taube auf ihn herabkam. Und eine Stimme aus dem Himmel sprach: *Du bist mein geliebter Sohn, an dir habe ich Gefallen gefunden.*" Das entspricht der Formel und der Vorstellung, die uns von der Adoption des Königs zum Sohn Gottes bekannt sind. Ein Textzeuge des Lukasevangeliums zitiert sogar wörtlich die Adoptionsformel des 2. Psalms: „Mein Sohn bist du: heute habe ich dich gezeugt."

Nach der Taufgeschichte ist Jesus also nicht von Geburt an Sohn Gottes. Er wird es erst durch seine Adoption im Zusammenhang mit seiner Taufe. Das Markusevangelium ist das älteste Evangelium, geschrieben etwa um 70. Es kennt die Geburtsgeschichten der beiden anderen Evangelien noch nicht, die etwa zwei Jahrzehnte später verfasst worden sind. Die Mutter Jesu wird im Markusevangelium nirgendwo erwähnt. Offenbar sah man um das Jahr 70 dazu noch keinen Anlass.

Auch in den Briefen des Apostels Paulus, die zwischen 50 und 65 geschrieben wurden, taucht der Name der Mutter Jesu nicht auf. Der Apostel weist lediglich auf Jesu normale menschliche Geburt hin. Im Brief an die Galater 4,4 schreibt er: „Als die Zeit erfüllt war, sandte Gott seinen Sohn, *geboren von einer Frau und dem Gesetz unterstellt...*" Diesen Sohn Gottes stellt er im Brief an die Römer 1,4 vor als „Sohn, der dem Fleisch nach geboren ist als Nachkomme Davids, der (aber) dem Geist der Heiligkeit nach *eingesetzt ist als Sohn Gottes seit der Auferstehung von den Toten.*" Der Apostel sieht Jesus als einen Nachkommen König Davids, der erst mit seiner Auferstehung zum Sohn Gottes eingesetzt wird.

Folgt man der im Judentum geltenden Vorstellung, wonach mit Sohn Gottes nicht biologische Vaterschaft, sondern Erwählung und Adoption gemeint ist, so hat Maria ein normales Menschenkind zur Welt gebracht wie andere Menschenmütter auch. Das macht verständlich, dass die Mutter Jesu in der frühen Gemeinde, in den Briefen des Apostels Paulus und auch im Markusevangelium gar nicht erwähnt wird. Der Titel „Gottesmutter" für Maria ließe sich aus diesen Texten also nicht ableiten: Sie hat nicht den Sohn Gottes geboren, sondern einen Sohn, der erst lange nach seiner Geburt zum Sohn Gottes adoptiert oder eingesetzt wurde. Nach der Taufgeschichte geschah das im Zusammenhang mit seiner Taufe und nach Paulus erst mit der Auferstehung. An diesen beiden Beispielen, die sich an so entscheidender Stelle voneinander unterscheiden, wird deutlich, dass wir es in den neutestamentlichen Schriften nicht mit Faktenbehauptungen zu tun haben, sondern mit menschlichen Versuchen, jenes Göttliche auszudrücken, das den Menschen in der Person Jesu so eindrucksvoll begegnet war.

„Sohn Gottes" nach hellenistischem Verständnis

Wir erinnern uns daran, dass die christliche Botschaft schon bald durch Kaufleute, Soldaten und vor allem durch den Apostel Paulus über den jüdischen Kulturkreis hinaus in alle Provinzen des Römischen Reiches getragen wurde. Was aber passierte mit der Botschaft von Jesus, dem Sohn Gottes, als sie auf Menschen traf, die sie nicht mit jüdischen Ohren hörten, sondern mit den Ohren von Hörern, die einen ganz anderen religiösen Hintergrund hatten, da sie in ägyptischen, griechischen, römischen oder kleinasiatischen Religionen oder Kulten aufgewachsen waren? Hier kannte man ebenfalls Gottessöhne. Aber man verstand unter Gottessöhnen herausragende Männer, deren leiblicher Vater ein Gott war. So galt zum Beispiel Alexander d. Gr. als ein Sohn des Zeus, und die Philosophen Pythagoras und Plato galten als Söhne des Apoll. Wenn nun Hörern, die in diesen Kulten zu Hause waren, Jesus als Sohn Gottes vorgestellt wurde, so werden sie ihn selbstverständlich entsprechend ihren religiösen Vorstellungen ebenfalls als den leiblichen Sohn eines Gottes verstanden haben. In diesem Denken erübrigte sich die Frage, seit wann Jesus der Sohn Gottes war: natürlich von Geburt an. Hier interessierte aber eine andere Frage: Wie ist es zur Begegnung des göttlichen Vaters mit der Mutter Jesu gekommen?

Auf diese Frage antworten die **Geburtsgeschichten**, die wir in den ersten Kapiteln der Evangelien des Matthäus und des Lukas finden, aber noch nicht im Evangelium des Markus, dem ältesten der Evangelien. In Matthäus 1,18 heißt es: „Maria, Jesu Mutter, war mit Josef verlobt; noch bevor sie zusammengekommen waren, zeigte sich, dass sie ein Kind erwartete – *durch das Wirken des Heiligen Geistes.*" Nach Lukas kündigt der Engel Gabriel der Maria einen Sohn an. Sie fragt erschreckt: „Wie soll das zugehen, da ich doch von keinem Mann weiß? Der Engel antwortete ihr: *Der Heilige Geist wird über dich kommen, und die Kraft des Höchsten wird dich überschatten.* Deshalb wird auch das Kind heilig und Sohn Gottes genannt werden" (Lk 1,34 f). Im Vergleich zu den griechischen Göttermythen wird in den beiden Geburtsgeschichten die Vaterschaft Gottes durch den Heiligen Geist zwar sehr klar, aber auch sehr dezent angedeutet.

Die unterschiedlichen Vorstellungen von „Sohn Gottes" stehen nebeneinander

Angesichts dieses Befundes stellt sich die Frage, wie sich denn die jüdische Vorstellung, nach der Jesus als Erwachsener zum Sohn Gottes berufen wurde, mit der griechischen Vorstellung von der biologischen Vaterschaft Gottes verträgt? Als Faktenaussagen verstanden und logisch betrachtet: gar nicht! Die beiden Vorstellungen schließen sich gegenseitig aus, jedenfalls solange man sie als Faktenaussage versteht. Nun stehen sie aber im Neuen Testament nebeneinander da. Und genau das zeigt uns an, dass sie offensichtlich nicht als Faktenaussage verstanden sein wollen, sondern als unterschiedliche Versuche, durch die Menschen unterschiedlicher Kulturen ihre Gewissheit ausdrücken, dass ihnen in dem Menschen Jesus von Nazaret das Göttliche leibhaftig begegnet.

Die hellenistische „Sohn-Gottes"-Vorstellung setzt sich durch

Als die klügsten Köpfe im 4. und 5. Jahrhundert zu klären suchten, auf welche Weise Gott in der Person Jesu gegenwärtig ist, so geschah das in den Denk- und Anschauungsformen der griechischen Kultur und mit den Mitteln der griechischen Sprache. Dabei setzte sich verständlicherweise jene Gottes-Sohn-Vorstellung durch, die griechischem Denken am nächsten stand. Das ist jene griechische Version, die wir in den beiden Geburtsgeschichten finden. Hier ging man davon aus, dass Jesus im leiblichen Sinn Sohn Gottes war und entsprechend auch die göttliche Natur in sich trug. Von diesen Voraussetzungen her konnte man den Titel „Gottesmutter" für Maria plausibel begründen.

Blicken wir heute auf diesen Entwicklungsprozess zurück, so stellen wir fest, dass die textliche Basis, aus der der Titel „Gottesmutter“ hergeleitet wurde, sehr schmal ist. Die griechische Gottes-Sohn-Vorstellung ist außerhalb der Geburtsgeschichten nirgendwo sonst belegt. Die Taufgeschichte und der Apostel Paulus setzen mit der frühen Gemeinde eine irdische, und zwar ganz normale Vaterschaft voraus. Das wird auch in weiteren Texten so gesehen, von denen noch zu sprechen sein wird.

Wir wissen, dass schon in der Alten Kirche erbittert darüber gestritten wurde, ob der Titel „Gottesmutter“ sachgemäß ist. Eine nüchterne Betrachtung der neutestamentlichen Texte ergibt, dass dieser Titel erklärungsbedürftig bleibt.

Protestanten verweisen auf die Zeugnisse der Bibel

Mit der Klärung des biblischen Befundes ist die protestantische Position zum Ehrentitel „Gottesmutter“ für Maria im Wesentlichen umschrieben. Der evangelische Glaube ist bemüht, sich an den biblischen Zeugnissen zu orientieren, und er misst und prüft auch die späteren Entwicklungen der kirchlichen Lehrtradition immer wieder an diesen Quellen. Die Bibelwissenschaft hat in den protestantischen Kirchen deshalb einen hohen Rang. Wenn die neutestamentliche Wissenschaft (heute auch durch katholische Theologen) seit langem überzeugend deutlich macht, dass der Titel „Gottesmutter“ in den biblischen Texten keine zureichende Begründung hat, so wird dieser Ehrentitel von Protestanten als geschichtlich geworden wohl respektiert, aber er hat für ihren Glauben keine Bedeutung, weil er auch nicht als Faktenaussage verstanden wird. Evangelische Christen ehren Maria als die Mutter Jesu, aber sie erkennen in der Bibel keine Begründung dafür, ihre Person religiös zu überhöhen, sie kultisch zu verehren, zu ihr zu beten oder sie um Schutz und Hilfe anzurufen. Sie würdigen das im Titel „Gottesmutter“ enthaltene Bekenntnis zu Christus. Sie leiten daraus aber weder Privilegien noch einen Sonderstatus für die Mutter Jesu noch eine Mittlerrolle zu ihrem Sohn ab.

3. Maria die Immerjungfrau

Die Entwicklung geht weiter

Maria bleibt Jungfrau

Mit dem Bekenntnis zur Gottesmutterschaft der Maria wurde schon früh das Bekenntnis zur jungfräulichen Empfängnis Jesu verbunden. Ansätze dazu findet man bereits im 2. Jahrhundert. Zu Beginn des 3. Jahrhunderts mussten die Täuflinge in Rom schon die Frage beantworten: „Glaubst du an Christus Jesus, den Sohn Gottes, der geboren ist vom Heiligen Geist *aus der Jungfrau Maria ...?*" Die menschlich vaterlose, durch den Heiligen Geist gewirkte Empfängnis Jesu gehört seit dem 3. Jahrhundert zu den in der Kirche verbreiteten Glaubensüberzeugungen. Ökumenischen Rang erhielt dieses Bekenntnis zur jungfräulichen Mutterschaft Mariens durch das 5. Ökumenische Konzil von Konstantinopel 553.

In der Ostkirche wurde schließlich der Gedanke der „Immerjungfrau" entwickelt, den später auch die Westkirche übernahm. Mit „Immerjungfrau" wurde ausgedrückt, dass Maria **vor, während und nach der Geburt Jesu Jungfrau war und blieb**. Das bedeutete dreierlei:

1. Jesus wurde ohne Zutun eines Mannes gezeugt.
2. Die Geburt Jesu war von übernatürlicher Art
3. Maria hatte keine weiteren Kinder

Außerchristliche Askese-Ideale setzen sich durch

Bei den Punkten 1 und 2 geht es im Grunde nicht um Maria, sondern um die Menschwerdung Gottes. Es gab aber schon früh die Tendenz, das Motiv der Jungfräulichkeit aus dem Christusbekenntnis herauszulösen und zu verselbstständigen. Die Anstöße dazu kamen aus zwei gegensätzlichen Richtungen. Zum einen war die Sehnsucht nach einer jungfräulichen Muttergottheit bei denen ungebrochen vorhanden, die zur christlichen Kirche aus jenen alten Kulten gekommen waren, in denen eine jungfräuliche Göttin verehrt wurde, wie zum Beispiel die griechische Artemis oder die römische Diana. Zum anderen hatte das Ideal der sexuellen Enthaltsamkeit, Keuschheit und Askese durch das seit dem 3. Jahrhundert entstehende Mönchtum als Gegenbewegung zu den laxer werdenden Sitten einer entstehenden Volkskirche einen hohen Stellenwert erlangt. Die volkskirchliche Sehnsucht nach einer mütterlichen Gottheit und die den Leib und die Geschlechtlichkeit abwertenden Tendenzen im Mönchtum und im zölibatär lebenden Klerus wirkten und wirken in der Geschichte der Kirche bis heute als mächtige Impulsgeber für die Verehrung einer jungfräulichen Maria. Die katholische Theologie sieht die Marienfrömmigkeit durchaus im Zusammenhang mit dem Gottesmutter-Glauben der antiken Religionen. Dazu der katholische Theologe M. Schmaus : In Maria „erfüllt sich in der Wirklichkeit des Lebens, was in den Gestalten jener Himmelsköniginnen geträumt wurde, welche wir in den Mythen treffen“ (in RGG 3. A., 767).

Die orthodoxe Praxis

Die orthodoxen Kirchen haben das Bekenntnis zur Jungfrau Maria breit und vielfältig in ihr geistliches Leben integriert. Ein Dogma von der Jungfrauengeburt wurde hingegen nicht entwickelt. Man kann sogar bezweifeln, dass es in der orthodoxen Kirche überhaupt eine verbindliche Lehre zur Immerjungfrau Maria gibt. Was die orthodoxen Kirchen dazu zu sagen haben, das ist im Marienlob der gottesdienstlichen Hymnen ausgedrückt und aufgehoben, und wo dieses Lob in der Gemeinschaft der Gläubigen erklingt, da wird es als Realität erlebt. Das Lob der Jungfrau Maria ist fest verankert in den Marienfesten, im Akathistos-Hymnus, der an den Feiertagen der großen Fastenzeit vor Ostern in jedem Gottesdienst gesungen wird. Im weihnachtlichen Morgengottesdienst wird ausgerufen:

„Siehe, die Jungfrau hat, wie einst verheißen,
empfangen und im Schoß getragen Gott, da er Mensch wurde,
und bleibt doch Jungfrau. (Heiser, 136).

Schier unerschöpflich sind die Prädikate, die der Immerjungfrau Maria in einer überquellenden Metaphernsprache verliehen werden. Maria wird gepriesen und angerufen als die „verschlossene Pforte“, in die nur Gott selbst eingehen darf, als „Tempel des lebendigen Gottes“, als „Stützpfeiler der Jungfräulichkeit“, als „schöne, kluge, keusche, heilige Jungfrau“ und als vieles andere. Die orthodoxe Kirche hat das altkirchliche Marienverständnis, wie es in der Synode von Chalcedon 451 ausgeformt wurde, bildsprachlich in den Marienikonen und wortsprachlich in der Liturgie ungebrochen bewahrt. Zwei Texte aus dem 24 Strophen umfassenden Akathistos-Hymnus mögen diese Fülle veranschaulichen:

„Eine neue Schöpfung führte der Schöpfer vor
bei seiner Erscheinung unter uns,
die wir durch ihn geworden sind.
Dem unbesäten Schoß entsprießend
ließ er ihn wie er war, unversehrt,
damit wir, das Wunder erkennend,
ihn hochpreisen und rufen:
Gegrüßt, o Blume, die nicht verwelkt,
gegrüßt, o Krone der Enthaltsamkeit.
Gegrüßt, Du leuchtendes Urbild unserer Auferstehung;
gegrüßt, Du nach Engelweise lebendes Vorbild.
Gegrüßt, Du Baum mit der saftigen Frucht,
welche die Gläubigen ernährt;
gegrüßt, Du Laub mit dem üppigen Schatten, in dem viele verborgen.
Gegrüßt, denn genährt hast Du den Wegweiser der Irrenden;
gegrüßt, denn geboren hast Du den Befreier der Gefangenen.
Gegrüßt, Du Besänftigerin des gerechten Richters;
gegrüßt, Du Vergebung Bringende für gar viele Sünder.
Gegrüßt, Du Stola für alle der Mündigkeit Entblößten;
gegrüßt, Du Liebe, die jedes Sehnen übertrifft.
Gegrüßt, Du unversehrte Mutter.
Die befremdende Geburt betrachtend,
werden wir der Welt entfremdet
und stellen unser Sinnen auf den Himmel um.
Durch diese Geburt ist der Allerhöchste auf Erden erschienen
als einfaches Menschenkind, um alle hinaufzuführen,
die ihn anrufen: Alleluia!

Deinen Sohn besingend, feiern wir alle Dich
als geistlichen Tempel, o Gottesmutter.
Der einst in Deinem Schoß wohnte
und alle Dinge in seiner Hand umfasst,
der Herr, er heiligte Dich, er ehrte Dich und lehrte alle,
Dir zuzurufen:
Gegrüßt, Du Zelt Gottes und des Wortes;
gegrüßt, Du, erhabener als das Heiligtum.

Gegrüßt, Du vom Heiligen Geist vergoldete Arche;
gegrüßt, Du unerschöpfliche Schatzkammer des Lebens.
Gegrüßt, Du Ehrendiadem der frommen Könige;
gegrüßt, Du hehrer Ruhm der heiligen Priester.
Gegrüßt, Du der Kirche uneinnehmbarer Schutzwall;
gegrüßt, Du des Reiches unzerstörbares Bollwerk.
Gegrüßt, durch Dich erheben sich Siegessäulen;
gegrüßt, durch Dich stürzen unsere Feinde.
Gegrüßt, Du meines Leibes Heilung;
gegrüßt, Du meiner Seele Rettung.
Gegrüßt, Du unversehrte Mutter.
O allen Preises würdige Mutter,
die geboren das unter allen Heiligen
heiligste Wort,
nimm diese unsere Gaben an,
rette jeweils aus der Not uns alle,
und erlöse von der künftigen Strafe uns,
die wir gemeinsam rufen: Alleluja!

Als Erklärung für westliche Christen schreibt der orthodoxe Theologe G. Larentzakis :
„Allerdings muss gesagt werden, dass in der Sprache der Liturgie und in der poetischen Formulierung, im Jubel und Enthusiasmus, gelegentlich Übertreibungen vorkommen können, die, isoliert betrachtet, zu Einseitigkeiten und zu falschen Interpretationen führen können“ (Larentzakis, 115). Die Orthodoxie weiß zwischen Faktenaussagen und metaphorischer Rede sehr wohl zu unterscheiden. Sie erliegt nicht der Versuchung, sprachliche Bilder als Faktenbasis für weiterführende rationale Argumentationsgänge zu nutzen, um daraus neue Glaubenserkenntnisse zu gewinnen.

Das römisch-katholische Dogma

Zum Entstehen der Marienlehre in der Kirche des Westens stellt der Katholik H. Küng fest: „Die römisch-katholische Kirche – nicht ohne Zusammenhang mit dem westlichen Zölibatszwang für den gesamten Klerus seit dem 11. Jahrhundert – begann damit, die Gestalt Mariens immer mehr theologisch und sentimental zu überhöhen und für eine bestimmte Soteriologie (Lehre von der Heilsbeschaffung) zu funktionalisieren. War die Person der ‚Mutter Gottes' im ersten christlichen Jahrtausend von durchaus zweitrangiger Bedeutung, erreichte der Marienkult im 12. Jahrhundert eine gewisse Selbständigkeit, um aber erst nach der Reformation in der Romantik des 19. Jahrhunderts ... ein emotionales ‚Hoch' (Lourdes: ‚Die unbefleckte Empfängnis' – ohne Kind!) zu erreichen" (Küng, 10f). Der Trend zu einer zunehmenden Marianisierung der römisch-katholischen Frömmigkeit, Theologie und Lehrbildung ist durch die Päpste der letzten 150 Jahre bewusst gefördert worden.

Das 553 formulierte ökumenische Bekenntnis zur Jungfrau Maria wurde in der römisch-katholischen Kirche im Prozess ihrer Dogmenbildung zu einer von Gott geoffenbarten Wahrheit, die vom 2. Vatikanischen Konzil 1969/70 als Dogma erneut bestätigt wurde. Aus diesem Dogma leitete man eine Reihe weiterer Glaubenswahrheiten und Mahnungen ab. Nach der Marienenzyklika Redemptoris Mater (Die Mutter des Erlösers) 1987 von Papst Johannes Paul II., der ein großer Marienverehrer war, lernt die Kirche auch ihre eigene Mutterschaft als ihre gottgewollte Jungfräulichkeit verstehen. „Gerade diese Jungfräulichkeit, nach dem Beispiel der Jungfrau von Nazaret, ist Quelle einer besonderen geistigen Fruchtbarkeit, ist Quelle der Mutterschaft im Heiligen Geist" (RM, 43). Das 2. Vatikanische Konzil hat die Jungfrau Maria allen Bischöfen, Priestern und Ordensleuten als Beispiel für das eigene Leben eindringlich empfohlen.

Was sagt die Bibel zur Geburt Jesu aus der Jungfrau Maria?

Die Geburtsgeschichte nach Matthäus

Die Frage nach der biblischen Basis führt uns auch hier wieder zu den Geburtsgeschichten der Evangelien des Matthäus und Lukas. Matthäus 1,18 scheint recht eindeutig zu sein: „Maria, seine Mutter, war mit Josef verlobt. Noch bevor sie zusammengekommen waren, zeigte sich, dass sie ein Kind erwartete - durch das Wirken des Heiligen Geistes." Das wird dem irritierten Josef auch von einem Engel im Traum versichert: „Das Kind, das sie erwartet, ist vom Heiligen Geist" (Mt 1,20). Von einer Jungfrau ist in diesen Sätzen zwar nicht die Rede; Matthäus scheint das aber vorauszusetzen, denn er fügt hinzu: „Dies alles ist geschehen, damit sich erfülle, was der Herr durch den Propheten (Jesaja 7,4) gesagt hat: *Seht, eine Jungfrau wird ein Kind empfangen, einen Sohn wird sie gebären,* und man wird ihm den Namen Immanuel geben, das heißt übersetzt: Gott ist mit uns" (Mt 1,23).

Das könnte man ganz unbefangen so verstehen, dass eine junge Frau, die bis dahin Jungfrau war, ein Kind empfing. Das war damals etwas sehr Normales. Schlägt man die zitierte Jesajastelle im hebräischen Urtext auf, so sucht man das entscheidende Stichwort „Jungfrau" (hebräisch: *betulah*) dort allerdings vergeblich. Jesaja spricht von einer *alma*, und das heißt „junge Frau im heiratsfähigem Alter, die Herangereifte". Hat also Matthäus das Zitat für seine Zwecke bewusst gefälscht? Die Erklärung ist viel harmloser: Matthäus schrieb sein Evangelium in griechischer Sprache für griechisch sprechende Leser. Wie diese benutzte auch er die griechische Übersetzung der jüdischen Bibel , die man Septuaginta nannte. Dieser Übersetzung entnahm er sein Jesajazitat. Darin wird das hebräische Wort für „junge Frau" tatsächlich mit dem griechischen Wort für „Jungfrau" (*parthenos*) wiedergegeben. In der Sache kann sich also Matthäus nicht auf den Propheten Jesaja berufen. Das freilich konnte er nicht wissen, da er nur die griechische Übersetzung des Prophetenbuches kannte.

Die Geburtsgeschichte nach Lukas

In der Geburtsgeschichte des Lukasevangeliums wird Maria ausdrücklich als Jungfrau bezeichnet: *„Der Name der Jungfrau war Maria"* (Lk 1,27). Vergleicht man aber die Geburtsgeschichten der beiden Evangelien, so stößt man auf beachtliche Differenzen. Während z. B. der Engel nach Matthäus dem erschrockenen Josef das befremdliche Geschehen erklärt, kündigt er nach Lukas der Maria die Geburt vorab an. Da sich die Jungfrau das nicht erklären kann, erläutert ihr der Engel, was geschehen wird: *„Der Heilige Geist wird über dich kommen, und die Macht des Höchsten wird dich überschatten"* (Lk 1,35). Von dieser Antwort werden neugierige Frager sehr enttäuscht sein. Denn von einer körperlichen Begegnung ist hier keine Rede. Das griechische Wort für „Heiliger Geist" (*pneuma*) ist außerdem noch nicht einmal männlichen, sondern sächlichen Geschlechts.

Der Charakter der Geburtsgeschichten

Von der Geburt des Gottessohnes aus der Jungfrau Maria ist nur in den beiden genannten Texten die Rede, und auch das mit bemerkenswerten Differenzen. Es gibt sonst im gesamten Neuen Testament keinen Text, der auf die Jungfrauengeburt Bezug nimmt. Das heißt, die biblische Basis für ein Dogma der Jungfrauengeburt erweist sich als denkbar schmal. Die Geburtsgeschichten der beiden Evangelien sind durch mythologische Überlieferungen angeregt, die von der Geburt bedeutender Persönlichkeiten durch eine Jungfrau erzählen. Davon gab es zu jener Zeit genug. So soll die Mutter des Kaisers Augustus im Apollo-Tempel von einer Schlange, dem heiligen Tier dieses Gottes, heimgesucht worden sein. Zeus nahte sich Danae im Goldregen: sie gebar Perseus. Die ägyptische Göttin Isis wurde durch den Genuss von Trauben schwanger und gebar Horus. Königin Mahamaya soll Buddha ohne menschliches Zutun empfangen haben. Die Mutter Alexander d. Gr. empfing durch einen himmlischen Blitz, und Laotse wurde von einer Götterjungfrau empfangen, als sich eine Sternschnuppe auf ihren Lippen niederließ. Auch der Philosoph Plato wurde für den Sohn einer Jungfrau gehalten. Dieses Denkmodell, mit dem durch das Außerordentliche einer Geburt aus der Jungfrau das Übermenschliche, das Herausragende und Göttliche einer Persönlichkeit ausgedrückt wird, findet man in den meisten Kulturen der Alten Welt. Die Geschichten zeigen allein schon durch ihre phantasievolle Vielfalt, dass sie nicht als Mitteilung über biologische oder gynäkologische Fakten gelesen werden wollen, sondern als poetische Hinweise auf das Besondere einer Person. Dieses Besondere bezieht sich nirgendwo auf die Jungfrau, sondern stets auf das Kind, das durch sie zur Welt gekommen ist.

Jesu Stammbaum führt über Josef

Der poetische Charakter der biblischen Geburtsgeschichten wird allein schon durch das textliche Umfeld hervorgehoben, in dem sie stehen. Vor der Geburtsgeschichte des Matthäusevangeliums steht der Stammbaum Jesu. Er führt von Abraham über König David zu *„Josef, dem Mann der Maria.* Von ihr wurde Jesus geboren, *der der Christus (der Messias) genannt wird“* (Mt 1,16). Der Stammbaum soll deutlich machen, dass Jesus ein Nachkomme des Königs David ist, denn nach alttestamentlich – jüdischer Erwartung wird der König der Heilszeit, der Messias, aus dem Geschlecht Davids kommen. Der Stammbaum will ja gerade beweisen, dass Jesus als ein Sohn Josefs aus dem Geschlecht Davids kommt.

Im Lukasevangelium steht der Stammbaum Jesu hinter der Geburtsgeschichte. Er wird mit dem Satz eingeleitet: „Jesus war etwa dreißig Jahre alt, als er zum ersten Mal öffentlich auftrat. *Man hielt ihn für den Sohn Josefs"* (Lk 3,23). Die Vaterschaft Josefs wird in den neutestamentlichen Schriften nicht weiter erwähnt. Die Rolle Josefs stellte offenbar kein Problem dar. Nur einmal ist beiläufig von ihm die Rede. Nach einer Predigt Jesu fragen erstaunte Hörer: *„Ist das nicht der Sohn des Zimmermanns?" (Mt 13,55).* In den überschaubaren pälastinensischen Verhältnissen wäre diese unbefangene Frage undenkbar, wenn es auch nur den Hauch eines Gerüchts gegeben hätte, dass Jesus von einer Jungfrau geboren worden sei und Gott zum leiblichen Vater habe. Diese Vorstellung liegt aber ohnehin außerhalb jüdischen Denkens.

Das Markusevangelium, das etwa zwei Jahrzehnte älter als die Evangelien des Matthäus und Lukas ist, kennt die Geburtsgeschichten und daher auch die Jungfrauengeburt noch nicht. Der Apostel Paulus, der derselben Generation wie Jesus angehörte, und dessen Briefe noch fast zwei Jahrzehnte älter als das Markusevangelium sind, weiß von besonderen Umständen der Geburt Jesu ebenfalls nichts. Er weist sogar betont darauf hin, dass Jesus ein Mensch war wie wir. An die Galater schreibt er: „Als die Zeit erfüllt war, sandte Gott seinen Sohn, *geboren von einer Frau und dem Gesetz unterstellt"* (Gal 4,4). Den Namen der Mutter erwähnt er gar nicht, weil er nichts Außerordentliches damit verband. Er wehrt mit seiner Bemerkung offenbar philosophische oder andere Spekulationen über die Person Jesu ab, die in Galatien umliefen.

Das Protevangelium des Jakobus korrigiert den Stammbaum Jesu

In der Legendenkette des nach 150 entstandenen Protevangeliums des Jakobus soll Jesus ebenfalls als ein Sohn aus dem Geschlecht Davids ausgewiesen werden; aber die Geschlechterlinie läuft hier nicht mehr über den Vater Josef, sondern über die Mutter Maria. Nach dem Protevangelium des Jakobus 10 wird Maria als Tempeljungfrau ausgewählt, weil sie aus dem Geschlecht Davids stammt. Auf diese Weise hatte man den offensichtlichen Widerspruch zwischen dem Stammbaum Jesu und der Geburt aus der Jungfrau aufgelöst. Diese Schrift zeigt auch, wie früh sich die Frömmigkeit auf Maria auszurichten begann.

Im Neuen Testament wird vom Sohn Gottes hunderte Male gesprochen. Aber außer in den beiden Geburtsgeschichten wird zwischen der Gottessohnschaft Jesu und seiner Geburt nirgendwo ein Zusammenhang hergestellt. Wir können nur feststellen, dass uns in den neutestamentlichen Schriften viele Weisen begegnen, in denen vom Sohn Gottes geredet wird und in denen das Außerordentliche seiner Person zur Sprache kommt.

Taufgeschichte und Jungfrauengeburt schließen einander aus

In den Evangelien des Matthäus und Lukas folgt nach den Geburtsgeschichten jeweils die Geschichte von Jesu Taufe. In dieser Geschichte ist Jesu Herkunft wie im Stammbaum aus einer ganz normalen Familie vorausgesetzt. Die Vorstellung einer Adoption zum Sohn Gottes wäre ja sonst gar nicht denkbar.

Diese Beobachtungen an den biblischen Texten zeigen eines sehr eindrücklich: Es besteht ein auffallendes Missverhältnis zwischen den beiden singulären Bibeltexten, die Jesu Gottessohnschaft in der poetischen Form seiner Geburt aus der Jungfrau Maria zum Ausdruck bringen und dem Gewicht, das die Jungfrauengeburt in der Liturgie der Ostkirche und im Dogma der römisch-katholischen Kirche erhalten hat.

Hatte Maria weitere Kinder?

In der orthodoxen wie in der römisch-katholischen Kirche gilt, dass **Maria auch nach der Geburt Jesu Jungfrau geblieben ist**. Das heißt, sie hatte keine weiteren Kinder und sie hat auch keine normale Ehe geführt. Aus den Geburtsgeschichten der Bibel kann das freilich nicht abgeleitet werden. Im Gegenteil! Dort heißt es ja ausdrücklich: „Sie gebar ihren Sohn, den *Erstgeborenen*" oder schlicht: „Sie gebar ihren *ersten* Sohn" (Lk 2,7). Die Erwähnung der *Erst*geburt hat ja nur Sinn, wenn Maria weitere Kinder zur Welt gebracht hat.

Eine Geschichte aus Nazaret, die wir bereits im ältesten Evangelium finden, spricht recht selbstverständlich von **den Geschwistern Jesu** und nennt sogar deren Namen. Die Leute fragten: „Ist das nicht der Zimmermann, der Sohn der Maria und der *Bruder von Jakobus,*

Joses, Judas und Simon? Leben nicht seine Schwestern hier unter uns" (Mk 6,3)? Aus dieser sehr konkreten Notiz ist zu entnehmen, dass Jesus vier Brüder und mindestens zwei Schwestern hatte.

Auch Paulus kommt im ersten Korintherbrief 9,5 auf die Brüder Jesu zu sprechen. Im Galaterbrief 1,19 erwähnt er sogar namentlich *„Jakobus, den Bruder des Herrn"*, der die Gemeinde von Jerusalem einige Jahre geleitet hatte und für sein Bekenntnis zu Jesus wegen Gotteslästerung nach jüdischem Recht gesteinigt wurde. Angesichts dieser sprachlich eindeutigen und in so unterschiedlichen Texten verankerten Hinweise auf die Geschwister Jesu wirkt es recht mühsam konstruiert, wenn einige römisch-katholische Theologen (immer noch) behaupten, mit den Brüdern und Schwestern könnten auch „Verwandte im weiteren Sinn", wie etwa Vettern und Basen, oder Kinder Josefs aus einer früheren Ehe gemeint sein.

Der Vergleich des Dogmas von der Immerjungfrau Maria mit den biblischen Texten zeigt, dass sich das Thema „Jungfrau" schon früh zu verselbstständigen begann. Über die Gründe für diese Entwicklung wird noch zu sprechen sein.

Das Dilemma der römisch-katholischen Bibelwissenschaftler

Die historische Wissenschaft und die kirchliche Lehre

Seit dem 17. Jahrhundert setzte sich die Überzeugung durch, dass die Texte der Bibel keine Ausnahmestellung beanspruchen können, sondern wie andere Zeugnisse der antiken Welt zu lesen und zu erforschen sind. Im Kontakt mit der entstehenden Geschichtswissenschaft, der Religionswissenschaft, der Archäologie und der Sprach- und Literaturwissenschaft bildeten seit dem 19. Jahrhundert Theologen des europäischen Protestantismus Methoden aus, mit denen auch die biblischen Texte als historische Dokumente in ihrer Eigenart erschlossen werden konnten. Diese historisch-kritischen Methoden, die von Universitätsprofessoren entwickelt wurden, gingen in den evangelischen Fakultäten sogleich in den Prozess der theologischen Ausbildung ein.

Gegen Ende des 19. Jahrhunderts übernahmen auch einzelne römisch-katholische Theologen diese Methoden, um die Bibel und die Geschichte der Kirche zu erforschen. Bahnbrechend wirkte hier der französische Priester und Theologieprofessor Alfred Loisy. Seine Studien führten ihn zu der Erkenntnis, dass sowohl die biblischen Texte wie auch die Lehraussagen und Dogmen der Kirche historische Texte sind und deshalb nicht ohne Irrtum sein können. Rom sah das Wahrheitsmonopol des kirchlichen Lehramtes durch die Erkenntnisse der historisch-kritischen Forschung bedroht und reagierte sofort. Loisy wurde seines Amtes enthoben, fünf seiner Bücher kamen auf den Index der verbotenen Bücher, und er selbst wurde 1908 exkommuniziert. Papst Pius X. veröffentlichte ein Verzeichnis, in dem er 65 Thesen (vor allem die von Loisy) als Glaubensirrtümer verurteilte. Er verurteilte generell die historisch-kritische Forschung als „Sammelbecken aller Häresien" und verlangte 1910 von allen in der Lehre tätigen Geistlichen den „Antimodernisteneid". Mit dem Eid hatten sich alle zu verpflichten, auf die historisch-kritischen Forschungsmethoden zu verzichten und die offizielle Lehre der Kirche zu vertreten.

Wissenschaft und kirchlicher Amtseid

Bis heute müssen der gesamte Klerus und alle, die Lehraufgaben in der Theologie ausüben, einen Treueid leisten, der in der Fassung von 1989 lautet: „Fest glaube ich auch alles, was im geschriebenen oder überlieferten Wort Gottes enthalten ist und von der Kirche als von Gott geoffenbart zu glauben vorgelegt wird, sei es durch feierliches Urteil, sei es durch das ordentliche und allgemeine Lehramt. Mit Festigkeit erkenne ich auch an und halte an allem und jedem fest, was bezüglich der Lehre des Glaubens und der Sitten von der Kirche endgültig vorgelegt wird. Außerdem hänge ich mit religiösem Gehorsam des Willens und des Verstandes den Lehren an, die der Papst oder das Bischofskollegium vorlegen, wenn sie ihr authentisches Lehramt ausüben, auch wenn sie nicht beabsichtigen, diese in einem endgültigen Akt zu verkünden" (Hünermann, 336).

Die römisch-katholischen Theologen werden durch diesen Eid in einen schier unauflösbaren Konflikt gebracht. Sie sind auf der einen Seite den Regeln und dem Ethos ihrer wissenschaftlichen Arbeit verpflichtet, die von kirchlicher Bevormundung unabhängig sein muss, da sie sich sonst aus der Gemeinschaft der Forschenden ausschließen und als Wissenschaftler disqualifizieren. Sie stehen aber andererseits durch ihren Treueid in der Pflicht, die

Dogmen ihrer Kirche und die Entscheidungen, ja, sogar die Tendenzen des kirchlichen Lehramtes anzuerkennen. Nichtkatholische Theologen bewundern den Mut und die Klugheit, mit denen viele ihrer katholischen Kollegen trotz des Loyalitätskonflikts in dem sie stehen, ihre wissenschaftliche Arbeit in der historischen Erforschung der biblischen Schriften und der Dogmen- und Kirchengeschichte leisten. Namen wie H. Küng, U. Ranke-Heinemann, E. Drewermann und G. Hasenhüttl (um nur einige zu nennen) erinnern daran, dass Rom das Wahrheitsmonopol in Glaubensfragen nicht nur beansprucht, sondern auch konsequent durchsetzt und Verstöße dagegen ahndet. Den genannten theologischen Lehrern und vielen anderen wurde die Lehrbefugnis entzogen. U. Ranke-Heinemann insbesondere deshalb, weil sie die Jungfräulichkeit Mariens nach der Geburt Jesu bestritt.

Bibelwissenschaftler kontra Dogma

Die ungeschönt offenen Worte, mit denen der amerikanische katholische Priester und theologische Lehrer John McKenzie seine Marienstudien zusammenfasst, zeigen freilich, dass die weltweite und überkonfessionelle theologische Forschergemeinschaft intakt ist. McKenzie kommt zu einem für viele Katholiken schockierendem Ergebnis. Er schreibt: „Das Marienbild der christlichen Legende, Kunst, Poesie, Musik und Hymnik und sogar der Theologie ist ein Produkt der Phantasie ... Der Glaube an die Maria der traditionellen christlichen Frömmigkeit ist ein Glaube an etwas, was nicht wahr ist" (McKenzie, 36).Er weist darauf hin, dass Maria im Westen zwischen dem 10. und 17. Jahrhundert zu einer Gestalt stilisiert worden ist, die den Bedürfnissen jener Zeit – besonders aber den Bedürfnissen der herrschenden Gruppen – entgegenkam, und er fasst zusammen: „Um Maria verehren zu können, mussten sie sie erst zu einer der ihrigen machen: d. h. sie mussten zuerst das, was sie tatsächlich war, zerstören. Wir sollten nicht vergessen, dass dies der konkrete Hintergrund ist, vor dem Maria nach den Normen dieser Gruppen als ideale Frau dargestellt wurde: als die schöne, die sündlose, als diejenige, die das Unmögliche, die Erfüllung und Verbindung von Jungfräulichkeit und Mutterschaft erreicht hat, als die vornehme, edle Frau, als ‚Unsere Liebe Frau'" (McKenzie, 37).

Von einem katholischen Theologen ist hier formuliert, was in der historischen Forschung seit langem als Konsens gilt: Die Gestalt der Maria, wie sie uns in der Volksfrömmigkeit, in den vielen Formen der Marienverehrung, in der liturgischen Praxis, in der Mariendichtung, in den Marienbildern und in den Mariendogmen der römisch-katholischen Kirche begegnet, hat mit der biblischen Gestalt der Mutter Jesu wenig oder gar nichts zu tun. Sie ist ein Konstrukt, das sich im Laufe von zweitausend Jahren aus vielen Motiven aufgebaut hat und das in den letzten hundertfünfzig Jahren zu Dogmen erhoben und auch in alle zentralen Teile der römisch-katholischen Glaubenslehre integriert worden ist. Mit diesen dogmatischen Festschreibungen, die über die orthodoxe Marienfrömmigkeit weit hinaus gehen, haben nicht nur katholische Theologen, sondern auch viele katholische Laien ihre Probleme.

Die protestantische Position

Die protestantische Theologie, die sich nach dem Prinzip des sola scriptura (allein die Schrift) so nah wie nur möglich an biblischen Texten orientiert, sieht weder für eine Lehre noch für die Verehrung einer immerwährenden Jungfrau Maria eine zureichende Begründung, denn sie sieht in der Jungfräulichkeit an sich keinen eigenen religiösen Wert. Sie bleibt aber interkonfessionell in Kontakt mit denen, die sich um das geschichtliche Profil der Mutter Jesu bemühen. Nach protestantischem Verständnis wird Maria um nichts geringer, wenn sie ohne Überhöhungen als normale Frau und als die menschliche Mutter Jesu gesehen wird. Das allein ist aller Ehren und großen Dankes wert. Es schmälert ihre Würde als Jesu Mutter nicht, dass sie nach ihrem ersten Sohn noch mehreren Kindern das Leben geschenkt hat.

Die protestantische Theologie versteht die biblischen Texte von der Geburt Jesu aus der Jungfrau nicht als Beschreibung eines gynäkologischen Tatbestandes, sondern als poetische Redeform, die in einem religionsgeschichtlich damals verfügbaren und plausiblen Denkmodell erklärt und begründet, weshalb Jesus zu Recht als „Sohn Gottes" bezeichnet werden kann. Die Protestanten verstehen das „geboren von der Jungfrau Maria" im apostolischen Glaubensbekenntnis und in den anderen altkirchlichen Glaubensbekenntnissen ebenfalls in jenem poetischen Sinn wie die entsprechenden Bibeltexte. Bereits Luther hat aus der Einsicht in die Geschichtlichkeit allen menschlichen Redens immer wieder gefordert, auch die Bekenntnisse der Kirche aus ihrer Zeit heraus zu verstehen. Denn Bekenntnisse sind ebenso wenig wie Dogmen mit der göttlichen Offenbarung identisch. Sie sind „menschliche Interpretation von Gottes Offenbarung, genauer: menschliche Interpretation des biblischen Zeugnisses von Gottes Offenbarung" (Härle, 150). In diesem Sinne bleiben die altkirchlichen Bekenntnisse in der evangelischen Kirche unbestritten.

Unbestritten ist aber auch, dass diese Texte als Bekenntnisse der Glaubensgemeinschaft einer bestimmten Zeit und ihrer geistigen Situation zu lesen sind und nicht als zeitlose Wahrheiten in einer kirchlich festgelegten Interpretation zum Gegenstand des Glaubens gemacht werden dürfen. Bekenntnisse haben und behalten ihre Hinweisfunktion über ihre Zeit hinaus gerade dann, wenn sie als *historische* Dokumente gelesen werden. Sie weisen in ihrer je zeitbedingten menschlichen Redeweise auf den Gott hin, der sich uns in Jesus von Nazaret erschlossen hat, und der sich Menschen aller Zeiten und Kulturen über unterschiedliche geistige Zugänge erschließt.

4. Maria die unbefleckt Empfangene

Das römisch-katholische Dogma
Der Inhalt

Papst Pius IX. hat das Dogma von der Unbefleckten Empfängnis der Maria 1854 verkündet. Es lautet: „... **dass die Lehre, welche festhält, dass die seligste Jungfrau Maria im ersten Augenblick ihrer Empfängnis durch einzigartige Gnade und Bevorzugung des allmächtigen Gottes im Hinblick auf die Verdienste Christi Jesu, des Erlösers des Menschengeschlechts, *von jeglichem Makel der Urschuld/Erbsünde unversehrt bewahrt wurde,* von Gott offenbart und deshalb von allen Gläubigen fest und standhaft zu glauben ist**" (DH, 2803). Protestanten muss erklärt werden, dass es in diesem Dogma nicht um die Empfängnis Jesu durch Maria geht, sondern um die Empfängnis der Maria durch ihre Mutter Anna. Die Namen der Eltern und die Umstände der Geburt und der Jugend Marias sind den Legenden des Protevangeliums des Jakobus entnommen, einer Schrift, die nach der Mitte des 2. Jahrhunderts entstanden ist. Danach empfing Anna nach langer Unfruchtbarkeit von ihrem Mann Joachim eine Tochter, die im Tempel von Jerusalem als Gott geweihte Jungfrau aufgezogen wurde, ehe sie mit Josef verlobt wurde. Nachdem ein Marienkult entstanden war, bildete sich auf der Basis dieses Legendenkranzes im 6. Jahrhundert sogar auch ein Annakult. Im Westen wurde er von den Franziskanern gefördert. Seinen Höhepunkt erreichte er im Spätmittelalter, als sich der Glaube an die Unbefleckte Empfängnis der Maria allgemein verbreitete. Es gibt heute noch mehr als ein Dutzend Orden und Kongregationen, die sich nach der Unbefleckten Empfängnis nennen.

Was bedeutet „unbefleckt"?

Erklärungsbedürftig ist zunächst der Ausdruck „unbefleckt". Die Wortwahl weist darauf hin, dass im Akte der Zeugung und Empfängnis etwas Befleckendes gesehen wird. Aber in welchem Sinne ist das hier gemeint? Der Katholische Erwachsenen-Katechismus erläutert, dass Maria „vom ersten Augenblick ihres Daseins an *frei von der Erbsünde war*" (KEK, 179).

Was bedeutet „Erbsünde“?

Die schonungslose Selbstbetrachtung führt jeden Menschen zu jener Erkenntnis, die bereits in 1. Mose 8,21 formuliert ist, nämlich: *„Das Trachten des Menschen ist böse von Jugend an.“* Diese Lebensrealität widerspricht aber dem, was das Alte Testament in 1. Mose 1 zur Erschaffung von Mann und Frau sagt: „Gott sah alles an, was er gemacht hatte. *Es war sehr gut!“* Die Geschichte in 1. Mose 3 gibt eine Erklärung dafür, wie es trotz der sehr guten Schöpfung dazu kommt, dass das Trachten der Menschen dennoch von Jugend an böse ist. Wie in vielen Texten der Bibel, so wird auch hier eine tiefe menschliche Wahrheit im Gewand einer anschaulichen Erzählung ausgedrückt. Adam und Eva greifen nach einer ihnen verbotenen Frucht und essen davon. Das will sagen: Der Mensch überschreitet die ihm von Gott gesetzten Grenzen; er fällt damit aus der fraglosen Vertrauensgemeinschaft mit Gott heraus und entfernt sich von ihm. Die Folge ist, dass der Mensch sich selbst, seiner Bestimmung und seinen Mitmenschen entfremdet. Diese Grundverfassung des Menschen nannte man „Ursünde“ und gab ihr später auch den problematischen Namen „Erbsünde“.

Der Apostel Paulus bezieht sich auf diese Geschichte in 1. Mose 3, wenn er schreibt: „Durch einen einzigen Menschen (nämlich durch Adam) kam die Sünde in die Welt und durch die Sünde der Tod, und auf diese Weise gelangte der Tod zu allen Menschen, *in welchem (nämlich in Adam) alle gesündigt haben“* (Röm 5,12). Diese Übersetzung des griechischen Urtextes fand der Kirchenvater Augustinus (gest. 430) jedenfalls in seiner lateinischen Bibel vor. Der Wortlaut „in ihm (in Adam) haben alle gesündigt“ legte ihm nahe, dass die zum Bösen tendierende Grundverfassung aller Menschen durch Adam, den ersten Mann und Vater aller Menschen, verursacht sein musste. Wie war das zu erklären?

Die Interpretation durch Augustinus

Augustinus ging vom damaligen Wissen über die menschliche Fortpflanzung aus. Danach verstand man die Frau als Gefäß oder als Acker. Wie aus dem Samenkorn, das in den Acker gesät wird, die Pflanze hervorwächst, so sah man allein aus dem männlichen Samen, der in die Frau gesät wurde, das Kind hervorgehen. Die Frau bildete lediglich passiv den Pflanzboden. Genetisch sah man sie bei der Zeugung gar nicht beteiligt. Da nach dieser Vorstellung die Frau von ihrer leiblichen Natur an die Nachkommen nichts weitergeben konnte, weil das gesamte genetische Erbe über den Mann vermittelt wurde, so konnte auch die zum Bösen geneigte Grundverfassung des ersten Paares nur über den Vater „vererbt" werden.

Augustinus gab der so vorgestellten Weitergabe der menschlichen Grundverfassung (= Erbsünde) noch eine Wendung, die das Sündenverständnis der westlichen Kirche bis heute zutiefst geprägt hat. Er war der Meinung, dass die Erbsünde durch den mit Lust verbundenen Zeugungsakt vom Vater auf das Kind übertragen wird (Das wiederum hatte zur Folge, dass „Sünde" bis heute in erster Linie mit Sexualität in Verbindung gebracht wird). Das Kind wird also bereits als Fötus durch die väterliche Schuld mit der Erbsünde „befleckt" und infiziert.

Die Unbefleckte Empfängnis als Begründung für die Sündlosigkeit Jesu

Aus dem skizzierten Verständnis der Fortpflanzung ergibt sich, dass der Gedanke der vaterlosen Empfängnis Jesu (= Jungfrauengeburt) trotz seiner fragwürdigen und schmalen neutestamentlichen Basis ein so großes Gewicht gewinnen konnte. Die vaterlose Empfängnis konnte als plausibler Beweis dafür verstanden werden, dass Jesus ohne Sünde war, denn er hatte ja keinen menschlichen Vater, der die Ursünde auf ihn hätte übertragen können.

Seit dem 8. Jahrhundert sah man eine Ungereimtheit darin, dass Jesus, der von Sünden freie Sohn Gottes, von einer Mutter geboren worden sein sollte, die selbst mit der Erbsünde belastet war. Nach vielen und recht gegensätzlichen Erwägungen setzte sich vom 13. Jahrhundert an die Überzeugung durch, dass Maria durch eine besondere Gnade Gottes vom Makel der Erbsünde freigehalten sein musste. Diese Überlegung wurde mit dem Gedanken gekoppelt und gestützt, dass Maria durch Gott bereits von Ewigkeit her dazu erwählt worden war, Medium und Gefäß bei der Menschwerdung Gottes zu sein. Diese allgemein verbreiteten Gedanken und Überzeugungen wurden schließlich 1854 zum Dogma, d. h. zur von Gott offenbarten Glaubenswahrheit erhoben. Der katholische Erwachsenen-Katechismus weist darauf hin, dass dieses Dogma „nur indirekt und einschlussweise in der Heiligen Schrift enthalten" ist (KEK, 178), aber dennoch verpflichtend bleibt.

Die Entdeckung der weiblichen Eizelle

Die Kirchenväter und die Theologen der Alten Kirche kann man nicht dafür tadeln, dass sie den Fortpflanzungsvorgang so sahen, wie man ihn zu jener Zeit eben verstand. Die weibliche Eizelle wurde in Tierversuchen nämlich erst 1827 durch Ritter von Baer entdeckt. Erst seit dieser Entdeckung erkannte man den gleichwertigen leiblichen Anteil der Frau bei der Fortpflanzung. Diese Erkenntnis freilich nimmt den Dogmen von der vaterlosen Zeugung und von der unbefleckten Empfängnis ihre ehemalige Plausibilität und Notwendigkeit. Das hätte man auch in Rom schon vor der Verkündigung des Dogmas von 1854 wissen können.

Das Dogma bleibt in Kraft

Gläubige, die mit den Mariendogmen rational nicht zurechtkommen, weist der 1992 vom Papst approbierte Katechismus der katholischen Kirche (KKK, 498) darauf hin, dass der Sinn des Geschehens nur für den Glauben erfassbar ist, der es im Zusammenhang der Geheimnisse im Ganzen der Mysterien Christi von der Menschwerdung bis Ostern sieht. Das ist freilich auch für den katholischen Christen nur schwer nachvollziehbar. Denn in dem päpstlichen Dokument, in dem das Dogma von der Unbefleckten Empfängnis der Maria offiziell ausgerufen wird, wird unmittelbar an die oben zitierte Definition des Dogmas die Drohung angefügt: „Sollten daher, was Gott verhüte, sich welche herausnehmen, im Herzen anders zu sinnen, als von uns definiert wurde, so sollen diese erkennen und fortan wissen, dass sie durch eigenen Richterspruch verurteilt, Schiffbruch im Glauben erlitten haben und von der Einheit der Kirche abgefallen sind, und dass sie außerdem durch ihre Tat selbst den vom Recht festgelegten Strafen unterliegen, wenn sie es wagen sollten, das, was sie im Herzen sinnen, mündlich, schriftlich oder auf irgend eine andere äußerliche Weise zum Ausdruck zu bringen" (DH, 2804). Also: Zweifel am Dogma sind in keiner Form erlaubt. Zuwiderhandeln wird nach den Regeln des Kirchenrechts geahndet.

Die orthodoxe Position

Ablehnung des römisch-katholischen Dogmas

Die orthodoxen Kirchen lehnen das römisch-katholische Dogma von der Unbefleckten Empfängnis aus mehreren Gründen ab: Zum einen sprechen sie dem römischen Papst grundsätzlich das Recht ab, aus eigener Machtvollkommenheit verbindliche Glaubenslehren für die gesamte Christenheit auszurufen. Zum anderen sieht die Orthodoxie keine Notwendigkeit, all das, was in der Frömmigkeit lebendig ist, rational auf den Begriff zu bringen.

Maria ist wie alle Menschen der Erlösung bedürftig

Inhaltliche Differenzen zeigen sich auch in der Frage der Erlösungsbedürftigkeit der Maria. Nach der vom 2. Vatikanischen Konzil 1964 verabschiedeten und vom Papst bestätigten „Dogmatischen Konstitution (Lumen gentium) über die Kirche“ gilt Maria „im Hinblick auf die Verdienste ihres Sohnes“ als bereits erlöst, das heißt, als von der Erbsünde frei und daher unbefleckt. Sie wird insofern von allen anderen erlösungsbedürftigen Menschen unterschieden und abgesetzt, wenngleich sie mit ihnen verbunden bleibt. Die orthodoxe Kirche hält dagegen daran fest, dass Maria wie alle anderen Menschen geboren und daher wie diese auch der Erlösung bedürftig ist. Der orthodoxen Kirche ist der westliche Gedanke einer Erbsünde fremd. Da also Maria nach orthodoxem Verständnis von einer Erbsünde gar nicht befleckt ist, weil es diese nicht gibt, bedarf es auch keines besonderen Aktes einer Reinigung.

Unterschiede im Erlösungsverständnis

Nach orthodoxem Denken wurde Gott Mensch, damit wir Menschen vergöttlicht werden. Die Vergöttlichung besteht darin, dass der Mensch mit der Hilfe des Heiligen Geistes „von göttlicher Gegenwart durchflutet wird“. Von diesem Hintergrund her kann in der Liturgie eines Marienfestes gesungen werden: „Alle Himmelwesen gerieten in Erstaunen, da sie sahen, *dass der Heilige Geist in dir weilt*. Deshalb, Unbefleckte und Makellose, verherrlicht im Himmel und auf Erden, Mutter Gottes, rette unser Geschlecht“ (Heiser, 78).

Die Unbefleckte Empfängnis kann nur besungen werden

Für westliche Christen ist es irritierend, wenn die Orthodoxie das römisch-katholische Dogma von der Unbefleckten Empfängnis einerseits vehement ablehnt, andererseits aber in der Liturgie mit den nahezu gleichen Worten die Gottesmutter besingt. Diese Übereinstimung ist freilich nur vordergründig. Dazu K. Ch. Felmy: „Die Gottesmutter wird zwar unzählig häufig als ‚makellos' besungen, aber die Hymnen sind nicht interessiert an der Frage, wann und wie die Gottesmutter mit dieser Makellosigkeit begnadet wurde." (Felmy a, 83). Der orthodoxe Marienglaube hat seinen Ort nicht in rationaler Begrifflichkeit, sondern im Marienlob der versammelten Gemeinde. Deshalb stand die orthodoxe Theologie auch nie in der Versuchung, ihre hymnischen und poetischen Marientexte in verbindliche Glaubenswahrheiten umzuschmelzen und daraus sogar weitere Faktenaussagen über Maria abzuleiten. Die Unbefleckte Empfängnis kann man wohl preisen, man kann und darf sie aber nicht dogmatisieren.

Der protestantische Einspruch

Kein Thema protestantischen Glaubens

Da die protestantischen Kirchen weder Marienverehrung praktizieren, noch eine Marienlehre kennen, haben sie auch wenig Anlass, sich für das eigene Glaubensverständnis mit der Lehre von der Unbefleckten Empfängnis der Maria auseinander zu setzen. Diese Auseinandersetzung müsste innerhalb der römisch-katholischen Kirche geführt werden, was selbst unter den durch den Treueid erschwerten Bedingungen längst geschieht. An den päpstlichen Lehrentscheidungen wird das freilich nichts ändern. So schreibt der katholische Theologe J. McKenzie vorsichtig kritisch: „Die ‚Unbefleckte Empfängnis' ist, wenn man sie wörtlich nimmt, eine weitere Rationalisierung des Mysteriums in menschlicher Sehweise und bringt in der entscheidendsten und heikelsten Frage der Erlösung eine Kluft zwischen Maria und der Menschheit mit sich" (McKenzie, 100).

Kein biblisches Thema

Die protestantische Theologie fragt, wie sich das Dogma von der Unbefleckten Empfängnis zu den biblischen Zeugnissen verhält. In der Sache behauptet das Dogma die Sündlosigkeit der Maria. Davon ist in der Bibel freilich nichts bekannt. Die altkirchlichen Theologen des 2. bis 5. Jahrhunderts (Origenes, Basilius, Gregor von Nazianz, Johannes Chrysostomus, Cyrill von Alexandrien) sprachen noch ganz unbefangen von den Fehlern der Maria, von ihrer Eitelkeit und von ihrem Mangel an Glauben! Der große Marienverehrer Bernhard von Clairvaux (gest. 1153) stellte ausdrücklich fest: „Nur Christus ist sündlos empfangen". Auch Thomas von Aquin (gest. 1274) lehnte die Lehre von der Unbefleckten Empfängnis der Maria entschieden ab.

Ein kirchliches Lehramt darf nicht über die Schrift gestellt werden

Ein Schreiben des Papstes Alexander VII. von 1661 gibt uns Einblick in die Entstehung des Dogmas von der Unbefleckten Empfängnis: „*Alt* ist die Ehrerbietung der Gläubigen Christi gegenüber seiner seligsten Mutter, die meinen, ihre Seele sei im ersten Augenblick der Erschaffung ... von dem Makel der Ursünde unversehrt bewahrt worden ... Diese Ehrerbietung vermehrte und verbreitete sich wiederum, so dass ... schon fast alle Katholiken sie vertreten" (DH, 2015).

Dieser Weg vom Glaubenssinn der Gläubigen bis zum Dogma ist in der römisch-katholischen Kirche inzwischen klar geordnet. In der Einleitung zu Denzingers „Kompendium der Glaubensbekenntnisse und Lehrentscheidungen" der römisch-katholischen Kirche wird die Rechtsgrundlage so erklärt: Es gibt, „eine *Gabe des Geistes an die ganze Kirche*, die sie in der Wahrheit hält und den allgemeinen Glaubenssinn des Volkes Gottes nicht von der Wahrheit abirren lässt ...Unfehlbares Lehren in der Form des ordentlichen Lehramtes liegt dort vor, wo die über den Erdball verstreuten Bischöfe etwas als Glaubenswahrheit verkünden. Der Konsens bildet den Vergewisserungsgrund und die Bewährung der Wahrheit" (DH, 2015). Damit ist der Weg, der in der römisch-katholischen Kirche zum Dogma führt, deutlich beschrieben. Die mehrheitliche Zustimmung der Bischöfe zu einer bestimmten Glaubensvorstellung schafft die zureichende Grundlage für die Ausrufung einer von Gott geoffenbarten Glaubenswahrheit.

Als Papst Pius IX. vor der 1854 erfolgten Ausrufung des Dogmas von der Unbefleckten Empfängnis Marias eine Umfrage unter den Bischöfen veranstaltete, sprachen diese sich mehrheitlich für eine Dogmatisierung aus. Der führende Theologe einer päpstlichen Kommission war 1847 sogar zu dem Ergebnis gekommen: „Gestützt auf die Tradition, konnte und kann die Kirche eine Wahrheit dogmatisch entscheiden, wenn ihr auch für den Beweis dieser Wahrheit keine biblischen Zeugnisse zu Gebote stehen, ja sogar, obgleich ihr bisweilen einige zu widersprechen scheinen" (Grass a, 25). Die päpstliche Kommission bestätigte: *„Eine Lehre kann definiert werden auf Grund der Tradition allein, ohne Zeugnis der Heiligen Schrift"* (Grass a, 26). Bischof Malou präzisierte noch: „Die Epoche, in der sich diese Übereinstimmung manifestiert, ist gleichgültig. *Die Kirche hat zu allen Zeiten die gleiche Autorität"* (Grass a, 26). Danach kann die Kirche bestimmen, was als Tradition gilt, und was daher vom Kirchlichen Lehramt in den Rang einer göttlichen Wahrheit gehoben werden kann.

Papst Pius IX. hat in der Logik dieser Überlegungen 1854 das Dogma von der Unbefleckten Empfängnis der Maria ausgerufen, und zwar mit der Rückendeckung durch die Befragung der Bischöfe. Entscheidungen des Papstes in Glaubensfragen sind nicht hinterfragbar, sondern – wie das 1. Vatikanische Konzil 1870 feststellte – sogar „aus sich, nicht aber auf Grund der Zustimmung der Kirche, unabänderlich" (DH, 3074). Die zu glaubenden Inhalte sind in dem Sinne, wie sie vom Papst gemeint sind, für die Gläubigen verpflichtend. Vergeblich haben katholische Theologen vor diesem Weg der Lehrbildung gewarnt, weil damit manipulierbare Elemente der Volksfrömmigkeit und Erwägungen der Hierarchie faktisch über das Zeugnis der Schrift gestellt und der innerkatholischen theologischen Kritik entzogen werden. Im nunmehr etablierten System römischer Lehrbildung haben sie wenig Chancen, gehört zu werden. Auch die protestantischen Einwände werden mit dem Hinweis auf den Glaubenssinn der Kirche und auf die gottgewollte Vollmacht des päpstlichen Lehramtes abgewehrt.

5. Die leibliche Aufnahme Marias in den Himmel

Das römisch-katholische Dogma

Was es zu glauben vorlegt

Das bislang letzte der vier Mariendogmen der römisch-katholischen Kirche hat Papst Pius XII. im Jahr 1950 bereits kraft seiner eigenen Autorität verkündet. Der Wortlaut: **„Es ist von Gott geoffenbarte Glaubenslehre, dass die Unbefleckte Gottesgebärerin und die immerwährende Jungfrau Maria nach Vollendung des irdischen Lebenslaufes mit Leib und Seele in die himmlische Herrlichkeit aufgenommen wurde“** (DH, 3903). Der katholische Erwachsenen-Katechismus (KEK, 2. Teil, 4.2) erklärt dazu: „Auch für dieses Dogma gibt es kein direktes biblisches Zeugnis“, es habe aber „indirekt und einschlussweise im Gesamtzusammenhang der Heiligen Schrift ihre Wurzeln“. Die leibliche Aufnahme Marias in den Himmel sei „ein von Gott gewirktes Geschehen, aber kein historisch datierbares Ereignis“. „Es geht allein um eine Glaubensüberlieferung.“ F. Courth (kath.) erläutert dazu: „Es lassen sich wie bei der Glaubenslehre von der Erbsündenlehre Marias nur solche Zeugnisse nennen, die dieses Dogma *unentfaltet einschließen“* (in Beinert a, 36).

Wie es dazu kam

Der Weg zu diesem Dogma beginnt mit einer Kette von Legenden, die zunehmend phantasievoll ausgestaltet, vom Ende der Maria erzählen. Aus dem Neuen Testament wissen wir darüber nichts. Auch um 400 ist über Marias Ende noch nichts bekannt. Um 600 ist aber für den 15. August ein Fest zum Umzug (transitus) der Maria aus ihrer irdischen Zeitlichkeit in die himmlische Ewigkeit belegt. Man nannte es auch „Mariae Entschlafen“. Dieses Fest übernahm auch der Westen unter dem Titel „Aufnahme der Heiligen Maria“, heute „Hochfest Mariae Aufnahme in den Himmel“.

Die Volksfrömmigkeit hat bereits früh nicht daran gezweifelt, dass der Leib der Maria weder dem Alter verfallen noch gar verwest sein konnte. Nur so schien es ja auch denkbar, dass man sie um Hilfe anrufen, und dass sie als Fürsprecherin bei ihrem Sohn und bei Gott für uns wirken kann. Berühmte Kirchenlehrer waren Anfang des 2. Jahrtausends davon überzeugt, dass Maria nie geschlafen habe und allwissend war und dass sie wie eine Himmelsleiter die Menschheit mit Gott verbindet, dass sie an unserem Heil mitwirkt und viele Gnaden wie auch den Heiligen Geist vermittelt. Seit dem Konzil von Trient (1545–1563) übernahm Maria auch die Rolle einer Kämpferin gegen die Feinde des Glaubens: „Freue dich, Jungfrau Maria! Alle Ketzereien auf der ganzen Erde hast du allein getilgt" (TRE 2, 132). Diese wenigen Beispiele veranschaulichen, dass im Dogma von der leiblichen Aufnahme der Maria in den Himmel ein breiter Strom gelebter Glaubensüberzeugungen schließlich zu einer von Gott geoffenbarten Satzwahrheit verdichtet wurde.

Für den Glauben verbindlich

Die Wahrheit des vierten Mariendogmas ist im Verständnis der römisch-katholischen Kirche für den Glauben konstitutiv und verbindlich. Denn auch hier wurde bei der Verkündigung des Dogmas der Schlusssatz hinzugefügt: „Sollte daher, was Gott verhüte, einer wagen, das entweder zu leugnen oder absichtlich in Zweifel zu ziehen, was von Uns (dem Papst) definiert wurde, so soll er wissen, dass er vom göttlichen und katholischen Glauben völlig abgefallen ist" (DH, 3904), das heißt als Ketzer und als exkommuniziert gilt.

Die orthodoxe Position

Die orthodoxe Kirche feiert – bis heute – am 15. August die „Entschlafung unserer hoch-heiligen Herrin, der Gottesgebärerin". Das ist also kein Fest der „Aufnahme Mariae in den Himmel" oder „Mariae Himmelfahrt", wie es in der römisch-katholischen Kirche volkstümlich heißt. Die unterschiedlichen Festbezeichnungen verdeutlichen bereits das unterschiedliche Verständnis. Bei der Aufnahme Marias in den Himmel ist nach römisch-katholischer Sicht der Blick allein auf Maria gerichtet. Im orthodoxen Namen des Festes ist sie hingegen als die Gottesgebärerin im Bewusstsein gehalten. Das heißt, Maria wird – wie auch sonst – in ihrer Beziehung zu Jesus gesehen. Nach dem Verständnis der römisch-katholischen Kirche ist Maria nach ihrem Tod in den Himmel aufgenommen worden. Die orthodoxe Kirche spricht nicht vom Ende ihres irdischen Lebens und ihrer Aufnahme in den Himmel, sondern vom „Entschlafen“ der Gottesgebärerin. In einer Liedstrophe zu diesem Marienfest heißt es: „Beim Gebären hast du die Jungfräulichkeit bewahrt und beim *Entschlafen* die Welt nicht verlassen, Gottesgebärerin. Du bist *hinübergegangen zum Leben,* da die Mutter des Lebens du bist“ (Heiser, 275). Der orthodoxe Glaube versteht das so: „Der Ausdruck, ‚du bist hinübergegangen‘ deutet auf die Überzeugung hin, dass Maria *am Leben geblieben ist,* so dass sie als Schutzherrin der Gläubigen weiterhin wirkt“ (Larentzakis, 114). Die Orthodoxie setzt sich damit betont von der Bezeichnung „Himmelfahrt Mariae“ und damit vom Verständnis des vierten römisch-katholischen Mariendogmas ab, das sie als Dogma ebenfalls klar ablehnt.

Nach dem römisch-katholischen Dogma wird Maria „mit Leib und Seele“ in den Himmel aufgenommen. Die orthodoxe Theologie lässt offen, ob dieser Übergang in das Leben den Leib und die Seele umfasst, oder nur die Seele meint. Daran wird wieder deutlich, dass die Orthodoxie an theologischen Definitionen in jenen Bereichen nicht interessiert ist, in die unser menschliches Denken ohnehin nicht hineinreicht.

Der protestantische Einspruch

Dogma ohne biblische Basis

Papst Pius XII. führte weiter, was im Dogma von der Unbefleckten Empfängnis bereits angelegt war. In einem Rundschreiben von 1946 erfragte er den „Glaubenssinn der Kirche“ zum Thema der leiblichen Aufnahme Marias in den Himmel. Von 93% der Bischöfe, die auf das Rundschreiben antworteten, stimmten 98% der beabsichtigten Dogmatisierung zu. Vergeblich hatten katholische Theologen in dieser Phase darauf hingewiesen, dass für das Dogma jeder Schriftbeweis fehlt.

Diese Art von Dogmenbildung war für die Ökumene insofern beunruhigend, als hier erst gar nicht mehr der Versuch unternommen wurde, das neue Dogma biblisch zu begründen. Damit wurde aber nur konsequent das umgesetzt und weiterentwickelt, was die päpstliche Kommission bereits 1847 festgestellt hatte: „Die katholische Kirche erfreut sich heute derselben Autorität, desselben göttlichen Beistandes wie zur Zeit der Apostel. Folglich auch derselben Unfehlbarkeit .... Solche Übereinstimmung reicht allein hin, um die Wahrheit der Lehre zu beweisen" (Grass a, 26). Der katholische Dogmatiker H. Volk, der das Dogma nach dessen Verkündung gemäß dem römisch-katholischen Selbstverständnis darlegt, beginnt seine Argumentation mit dem bezeichnenden Satz: „Unser Glaube an die leibliche Aufnahme Mariens in den Himmel ist für uns völlig darin begründet und rundum gesichert, dass die Kirche uns dies zu glauben lehrt" (Grass a, 64). Die Dogmenbildung der Kirche allein aus dem, was die Kirche als Tradition definiert, ist hier voll akzeptiert. Für Protestanten ist das nicht mitvollziehbar.

Die Kirche macht sich zur Quelle der Wahrheit

Für das ökumenische Gespräch sind die Umstände und Prozesse bei der Entstehung der letzten Mariendogmen besorgniserregend und belastend. In den protestantischen Kirchen gilt in Glaubensfragen das sola scriptura (allein die Schrift). Damit ist nicht das Beharren auf isolierten biblischen Formulierungen, sondern der Geist des biblischen Gesamtzeugnisses gemeint. Im Gegensatz dazu hatte die römisch-katholische Kirche bereits auf dem Konzil von Trient 1564 zweierlei festgestellt: 1. Die kirchlichen Traditionen haben das gleiche Gewicht wie die biblischen Texte. 2. Die kirchlichen Traditionen sind dazu legitimiert, die biblischen Texte verbindlich auszulegen. Wenn nun aber das, was als Tradition gelten soll, von der Kirche selbst festgelegt wird, erhält das kirchliche Lehramt mit seiner Spitze im Papst das absolute Auslegungsmonopol über die Bibel. Die römisch-katholische Kirche hat sich damit selbst zur Quelle der Wahrheit gemacht und sich mit dem Papst ein Organ gegeben, das aus eigener Machtvollkommenheit unfehlbare Glaubenslehren als von Gott geoffenbarte Wahrheiten verkünden und für die Gläubigen verbindlich machen kann. Glaubenssätze können damit ohne biblische Grundlagen aus der Kirche hervorgehen, die sich dazu die Legitimation schrittweise selbst erteilt.

Belastung und Hindernis für die Ökumene

Die protestantische Theologie sieht in den letzten beiden Mariendogmen reine Setzungen des römisch-katholischen Lehramtes, die für das Marienverständnis der Protestanten ohne Relevanz sind, vor allem aber die ökumenischen Gespräche erschweren und belasten, weil sie nicht mehr auf der gemeinsamen biblischen Basis stattfinden. Die Begründung für die beiden Mariendogmen aus dem „Glaubenssinn“ der römisch-katholischen Kirche kann nur nachvollziehen, wer das bereits voraussetzt, was erst begründet werden soll. Zu diesen Voraussetzungen gehören das römisch-katholische Verständnis von Wahrheit und Wahrheitssetzung und die päpstliche Unfehlbarkeit in Glaubensfragen.

Die protestantische Theologie lehnt daher nicht nur den Inhalt dieser Mariendogmen ab, sie wendet sich nicht minder vehement auch gegen die Art und Weise wie sie zustande gekommen sind. Da die römisch-katholische Kirche Maria als Urbild der Kirche versteht, sehen Protestanten in den beiden letzten spezifisch römischen Mariendogmen die Tendenz, dass die römisch-katholische Kirche sich mit der Verherrlichung der Maria selbst verherrlicht und zur himmlischen Existenzform stilisiert, da ja *„die Kirche in der seligsten Jungfrau Maria schon zur Vollkommenheit gelangt ist“* (LG, Art. 65). Die protestantische Theologie weist mit gleichem Nachdruck auch jene Lehraussagen als haltlos zurück, mit denen die Verehrung und der Kult einer zur Himmelskönigin aufgebauten Maria nicht nur legitimiert, sondern auch gefördert und gefordert wird.

Papst Leo XIII. hat in seiner Rosenkranzenzyklika von 1891 erklärt, dass niemand zu Christus gelangen kann, außer durch Maria (DH, 3275), obwohl uns der Blick in die Bibel eines anderen belehrt. Im ersten Brief des Timotheus 2,5 lesen wir: „Einer ist Gott, einer auch Mittler zwischen Gott und dem Menschen: der Mensch Jesus Christus.“ Von einer vorgeschalteten Vermittlung durch Maria ist nirgendwo die Rede.

Christlicher Glaube bedarf keiner Fürbitterin

Nach biblischer Auskunft besteht auch kein Grund, sich mit Gebeten an Maria zu wenden, damit sie „bei ihrem Sohn Fürbitte einlege.“ In der Bergpredigt sagt Jesus nach Matthäus 6 sehr deutlich: „Du aber geh in deine Kammer ... und bete zu deinem Vater, der im Verborgenen ist ... Euer Vater weiß, was ihr braucht, noch ehe ihr ihn bittet.“ Demnach bedarf es für unser Gebet keiner Zwischeninstanzen, die vermittelnd tätig werden müssten, und erst recht keinen anderen Ansprechpartner als allein den dreieinigen Gott.

6. Zusammenfassendes

Der Wurzelboden für jedwede Marienlehre ist die volkskirchliche Marienfrömmigkeit und die daraus folgende Marienverehrung in der liturgischen Praxis der frühen Kirche. Die Ursprünge hierfür liegen im Osten des römischen Reiches. Aber die verschiedenen Formen der Marienverehrung sind – zunächst zögernd – auch vom Westen übernommen, dort aber bald eigenständig weiterentwikkelt worden.

Die orthodoxen Kirchen

Frühe Legendenbildung

Den neutestamentlichen Schriften ist über Maria nur wenig zu entnehmen. Dieses Vakuum wurde schon bald nach 150 durch eine ganze Kette von Legenden aufgefüllt, die über die Geburt der Maria und ihre Kindheit Auskunft geben. Die Schrift, die wir heute das Protevangelium des Jakobus nennen, hat die Marienfrömmigkeit in Ost und West prägend beeinflusst, obwohl sie zu keiner Zeit als kanonische Schrift anerkannt war und im Westen sogar verurteilt worden ist. Der Ostkirche gelang es, die volkstümlichen Strömungen der Marienfrömmigkeit, die auch eine Reihe von heidnischen Elementen enthielt, in geordnete liturgische Formen so zu integrieren, dass sie sich nicht zu einem Kult der Muttergöttin verselbständigten, sondern stets die Ausrichtung und die Verbindung zu Christus behielten.

Die Marienverehrung wird kirchlich kanalisiert

R. Thöle trifft den Charakter der orthodoxen Marienverehrung sehr genau, wenn er schreibt: „Die Eigenart der orthodoxen Marienverehrung kann nur im Zusammenhang mit der Feier des Mysteriums der Liturgie erfasst werden, in der die Heilsereignisse als gegenwärtig erfahren werden und zusammen mit der irdischen Kirche auch die Kirche der Vollendeten zeichenhaft anwesend ist und verehrt wird" (RGG, 5, 822). Im Rahmen des gottesdienstlichen Geschehens fand die orthodoxe Marienverehrung in zwei Medien ihren Ausdruck: wortsprachlich im Lobpreis der Gottesmutter und bildsprachlich in den Gottesmutterikonen.

Die Marienhymnen

In den vielfältigen Marienhymnen artikuliert sich ein überquellendes Marienlob. Die Sprache der Hymen gleicht einem Füllhorn von Metaphern, Bildern und Vergleichen, wie uns die Beispiele aus dem Akathistos-Hymnus gezeigt haben. Hymnus und Lobpreis sind getragen von emotionalem Überschwang, in den der Feiernde hineingenommen wird. In dieser poetischen Sprache geht es nicht um Definitionen und Lehrformeln, sondern um Gefühlsausdruck und Vergewisserung.

Bei aller poetischen Freiheit ist in den orthodoxen Hymnen aber auch all das untergebracht, was die Orthodoxie zum Marienverständnis inhaltlich zu sagen hat. Das veranschaulicht die folgende Liedstrophe zu Ehren der Gottesmutter:

> „Du hast ohne Vater den Sohn im Fleisch geboren,
> der vor der Zeit vom Vater ohne Mutter geboren wurde
> und dabei keiner Veränderung oder Vermischung
> oder Trennung unterlag,
> sondern die Eigenheiten beider Wesenheiten
> unversehrt bewahrte."

Zeile zwei sagt, dass der Gottessohn als das göttliche Wort (Logos) bereits vor aller Zeit aus Gott geboren war. Die Zeilen drei und vier nehmen die komplizierte Bekenntnisformel des Konzils von Chalcedon 451 auf, wonach in der einen Person Christi die menschliche und die göttliche Natur zur Einheit zusammengeführt sind, aber darin weder miteinander vermischt noch voneinander getrennt sind. Die Zeile eins benennt den Anteil der Maria bei der Menschwerdung des von Ewigkeit her existierenden göttlichen Wortes (präexistenten Logos).

Die orthodoxe Kirche bewahrt in den Marienhymnen jene Bekenntnisse, die in den sieben ökumenischen Konzilien (325–787) als Konsens formuliert worden sind. Für den orthodoxen Christen ist der Glaube im Kultus lebendig. Er versteht und erlebt Religion über die Liturgie. Deshalb hat die Orthodoxie auch keine verbindlichen Lehren oder gar Dogmen ausgebildet. Vom orthodoxen Christen wird nicht verlangt, dass er Lehrsätzen und Dogmen über Maria zustimmt; sein orthodoxer Glaube erweist sich darin, dass er in die Verehrung und in den Lobpreis der Gottesmutter teilnehmend einstimmt.

Die Gegenwart des Dargestellten in der Ikone

Im gottesdienstlichen Geschehen kommt nach orthodoxem Verständnis der Himmel auf die Erde und die himmlische Gemeinde begegnet der irdischen. Die Ikonen der Ikonostase (Ikonenwand) und der Wände und Gewölbe repräsentieren die lebendige Gegenwart der Dargestellten. In der Gottesmutterikone erschaut und erlebt der Gläubige jene Gottesmutter als gegenwärtig, die in den Hymnen besungen wird, und an die er seine Bitten richtet. Insofern ist die Ikone für den orthodoxen Glauben konstitutiv.

Den Stellenwert der Ikone im orthodoxen Glauben formuliert bereits die Synode von 870 in Konstantinopel: „Die heilige Ikone unseres Herrn Jesus Christus ist in gleicher Weise zu ehren wie das Buch der heiligen Evangelien ... Denn was in Silben die Rede, das kündet und empfiehlt auch die Schrift, die aus den Farben besteht. Wer daher die Ikone unseres Erlösers nicht verehrt, der soll auch bei seiner zweiten Ankunft seine Gestalt nicht schauen. Auch malen wir die Ikone seiner allreinen Mutter und die Ikonen der heiligen Engel, wie diese ja auch die Heilige Schrift in ihren Worten charakterisiert, und weiter die aller Heiligen, und wir verehren sie und fallen nieder vor ihnen. Wer aber dies nicht annimmt, der sei ausgeschlossen!“ (Thon, 75).

Orthopraxie vor Orthodoxie

Die orthodoxe Kirche erwartet von den Gläubigen nicht die intellektuelle Zustimmung zu einer kirchlichen Marienlehre. Daran hängt die Rechtgläubigkeit (Orthodoxie) nicht. Als rechtgläubig (orthodox) erweist sich vielmehr der, der an der rechten Verehrungspraxis der liturgischen Feier teilnimmt (Orthopraxie). „Die Glaubensbekenntnisse der orthodoxen Kirche sind nicht abstrakte Formulierungen einer ‚reinen Lehre‘, sondern Hymnen der Anbetung, die ihren Platz in der Liturgie haben“ (Benz, 38). Verflucht und mit Exkommunikation bedroht wird daher auch nicht der, der kirchliche Lehren über Maria in Frage stellt (weil es diese in verbindlicher Form gar nicht gibt), sondern wer die Formen der orthodoxen Gottesverehrung in Frage stellt und sich davon distanziert.

Die römisch-katholische Kirche

Orthodoxie vor Orthopraxie

In der römisch-katholischen Kirche ist das Gewicht zwischen Marienlehre und Marienverehrung genau umgekehrt verteilt. Das 2. Vatikanische Konzil und die folgenden Päpste empfehlen und befürworten sehr, die Gottesmutter in ihren Bildern zu verehren und sie um Fürbitte anzurufen. Das aber ist nicht verpflichtend. Es sind auch keine Kirchenstrafen für diejenigen vorgesehen, die keinerlei Marienverehrung praktizieren. Die Exkommunikation zieht sich hingegen zu, wer an den Mariendogmen zweifelt. Die reine Lehre und das rechte Wissen ist hier vor das lobpreisende Staunen getreten. Diese Gewichtung und vor allem der verpflichtende Charakter der Mariendogmen ist auch vielen praktizierenden Katholiken nicht bewusst.

Verpflichtung auf das päpstliche Lehramt

Vom katholischen Gläubigen ist freilich nicht nur Gehorsam gegenüber den vier Mariendogmen gefordert, sondern auch gegenüber anderen päpstlichen oder bischöflichen Äußerungen zu Maria. Im Kodex des kanonischen Rechts heißt es: „Was die geistlichen Hirten in Stellvertretung Christi als Lehrer des Glaubens erklären, oder als Leiter der Kirche bestimmen, haben die Gläubigen im Bewusstsein ihrer eigenen Verantwortung im christlichen Gehorsam zu befolgen“ (CIC Canon 212, § 1). Und Canon 752 führt aus: „Nicht Glaubenszustimmung, wohl aber religiöser Verstandes- und Willensgehorsam ist einer Lehre entgegenzubringen, die der Papst und das Bischofskollegium in Glaubens- oder Sittenfragen verkünden, wann immer sie ihr authentisches Lehramt ausüben, *auch wenn sie diese Lehre nicht definitiv als verpflichtend zu verkündigen beabsichtigen;* die Gläubigen müssen also sorgsam meiden, was ihr nicht entspricht.“

Die Marienlehre wächst weiter

Die römisch-katholische Kirche kennt viele Arten von Verlautbarungen, deren Inhalte für die Gläubigen mehr oder weniger verpflichtend sind. Dazu zählt u. a. die „Konstitution" (Dokument des Konzils, in dem z. B. Fragen der kirchlichen Lehre feierlich festgelegt werden, ohne diesen Entscheidungen den Rang von Dogmen zu geben), ferner das „Dekret" (verbindlicher Bescheid) und die „Deklaration" (wegweisende Klärung). Das sind Verlautbarungsformen des Konzils. Unter den päpstlichen Verlautbarungen nimmt die „Enzyklika", das päpstliche Rundschreiben, einen besonderen Rang ein, weil der Papst darin seine Gedanken zu Fragen des Glaubens und der Sitte äußert, die auf Tendenzen des kirchlichen Lehramtes hinweisen. In Verlautbarungen dieser Art wird deutlich, dass die römisch-katholische Kirche in der Marienlehre über den Konsens der sieben ökumenischen Konzile weit hinausgeht. Der Marienkult hat sich ab dem 2. Jahrtausend im Westen zunehmend verselbständigt. Die Marienlehre wurde im „Marianischen Zeitalter", das mit der Dogmatisierung der „Unbefleckten Empfängnis" 1854 eröffnet wurde, stark ausgeweitet. Das soll durch wenige Beispiele angedeutet werden.

Maria die vorbildliche Mutter und ideale Jüngerin Jesu

Maria wird zur vorbildlichen Mutter und zur idealen Jüngerin Jesu erklärt. In der päpstlichen Marienenzyklika von 1987 wird festgestellt: „Vom Augenblick der Verkündigung und Empfängnis an, seit der Stunde der Geburt im Stall von Bethlehem folgte *Maria Jesus Schritt für Schritt auf ihrer mütterlichen Pilgerschaft des Glaubens"* (RM,26). Marias Ja zur Verheißung des Sohnes wird zu Recht als ein Akt des Glaubens betont. Die Bibelwissenschaft erinnert freilich daran, dass die spärlichen neutestamentlichen Texte ein anderes Bild vom Verhältnis zwischen Jesus und seiner Mutter zeichnen.

Bei Markus 3, 31-35 lesen wir: „Da kamen seine Mutter und seine Brüder; sie blieben vor dem Haus stehen und ließen ihn herausrufen. Es saßen viele Leute um ihn herum, und man sagte zu ihm: Deine Mutter und deine Brüder stehen draußen und fragen nach dir. Er erwiderte: Wer ist meine Mutter, und wer sind meine Brüder? Und er blickte auf die Menschen, die im Kreis um ihn herumsaßen, und sagte: Das hier sind meine Mutter und meine Brüder. Wer den Willen Gottes erfüllt, der ist für mich Bruder und Schwester und Mutter." Jesus spricht hier sehr distanziert von seiner Mutter, denn offenbar zählt er sie nicht zu denen, die den Willen des Vaters erfüllen. In Markus 3, 20 f werden die Angehörigen Jesu sogar als verblendet und als ungläubig dargestellt. Sie hielten ihn für verrückt und wollten ihn, aus Sorge um den Ruf der Familie, aus der Öffentlichkeit in den abgeschirmten Bereich der Familie zurückholen. In einer Predigt in Nazaret sagt Jesus: *„Nirgends hat ein Prophet so wenig Ansehen wie* in seiner Heimat, bei seinen Verwandten und *in seiner Familie.* Und er konnte dort keine Wunder tun ... *Und er wunderte sich über ihren Unglauben"* (Mk 6,4 f). Eine aufkeimende Marienverehrung wird nach Lukas 11,28 von Jesus bereits im Ansatz zurückgewiesen. Als ihm eine Frau zurief: „Selig die Frau, deren Leib dich getragen und deren Brust dich genährt hat", erwiderte er: „ Selig sind vielmehr die, die das Wort Gottes hören und befolgen". Seine Familie und seine Mutter zählte er offenbar nicht dazu. Nach allem, was den neutestamentlichen Texten zu entnehmen ist, gehörte Maria nicht zum Kreis der Jünger. Als sie auf der Hochzeitsfeier zu Kana ihren Sohn darauf hinwies, dass der Wein ausgegangen war, fuhr Jesus seine Mutter geradezu verletzend hart an: „Weib, was gehst du mich an!" Die Einheitsübersetzung schwächt das ab zu: „Was willst du von mir, Frau?" (Joh 2,4).

Im deutlichen Widerspruch zum Neuen Testament sieht die päpstliche Marienenzyklika Maria während der gesamten Wirksamkeit Jesu in unerschütterlichem und sich ständig vertiefendem Glauben an der Seite ihres Sohnes. Im Einklang mit dem 2. Vatikanischen Konzil stellt der Papst fest, „dass Maria heftig mit ihrem Eingeborenen litt und sich mit seinem Opfer in mütterlichem Geist verband, indem sie der Darbringung des Opfers, das sie geboren hatte, liebevoll zustimmte, bewahrte sie ihre Verbundenheit mit dem Sohn in Treue bis zum Kreuz" (RM, 18). Das alles wird aus zwei Versen des Johannes-Evangeliums hergeleitet, wo es lediglich heißt: „Als Jesus seine Mutter sah, und bei ihr den Jünger, den er liebte, sagte er zu seiner Mutter: Frau, siehe, dein Sohn! Dann sagte er zu dem Jünger: Siehe, deine Mutter. Und von jener Stunde an nahm sie der Jünger zu sich" (Joh 19,26 f). Falls man diese Szene überhaupt historisch verstehen will, so lässt sich daraus kaum mehr als eine letzte Fürsorge Jesu für seine Mutter entnehmen. In den ersten drei Evangelien, die historisch als wesentlich zuverlässiger gelten als das Johannes-Evangelium, taucht Maria in der viele Kapitel umfassenden Passionsgeschichte nicht auf: weder beim letzten Abendmahl, noch bei der Gefangennahme Jesu, noch unter seinem Kreuz. Die Personen, die „von ferne zusahen" wie Jesus verschied, werden namentlich genannt. Aber auch hier ist die Mutter Jesu nicht unter ihnen. Selbst bei der Auffindung des leeren Grabes ist sie nicht dabei. Aus Apostelgeschichte 1, 14 erfahren wir, dass Jesu Mutter und Brüder erst nach Ostern zum Kern der Gemeinde gehörten. Aber in der Pfingstgeschichte ist Maria wieder nicht erwähnt.

Maria die neue Eva

Das 2. Vatikanische Konzil macht sich einen Gedanken der Kirchenväter zu Eigen und verankert diesen offiziell in der Kirchenlehre, nämlich: Maria ist die neue Eva, der Antitypus zu Eva. Damit ist gemeint, „dass der Knoten des Ungehorsams der Eva gelöst worden sei durch den Gehorsam Mariens; und was die Jungfrau Eva durch den Unglauben gebunden hat, das habe die Jungfrau Maria durch den Glauben gelöst" (LG, 56). Das Lehrdokument baut damit bewusst eine Parallelität zwischen Jesus und Maria auf. Der Apostel Paulus hat in Römer 5 gesagt: „Wie durch die Übertretung des einen (nämlich des Adam) Sünde und Tod in die Welt kamen, so wird durch den Gehorsam Jesu Gerechtigkeit und Leben wiedergebracht." Das Konzil stellt daneben: *„Der Tod kam durch Eva, das Leben durch Maria „* (LG, 56).

Maria wird Jesus gleichgestaltet

An diesem Beispiel wird die Tendenz des römisch-katholischen Lehramtes deutlich, die Person der Maria Zug um Zug der Person Jesu gleich zu gestalten. Das Dogma von der Unbefleckten Empfängnis 1854 hat Maria als von der Erbsünde frei erklärt, und zwar parallel zu Jesus, der frei von Sünde war. Wie Jesus so ist auch Maria nach dem Dogma von 1950 mit Leib und Seele in den Himmel aufgenommen worden. Ja, sie wurde „als Königin des Alls vom Herrn erhöht, *um vollkommener ihrem Sohn gleichgestaltet zu sein,* dem Herrn der Herren und dem Sieger über Tod und Sünde" (LG, 59). Die Parallelität zwischen Jesus und Maria wird demnach auch auf Marias Mitwirkung am Heilsgeschehen und auf ihre Mitherrschaft über Leben und Tod ausgeweitet. Wie Jesus durch seinen

Gehorsam die Menschen aus Sünde und Tod erlöst hat, so ist Maria durch ihren Gehorsam als die neue Eva zur Mutter der erlösten Menschheit und „für sich und das ganze Menschengeschlecht zur *Ursache des Heils" ge*worden. Mehr noch: „In den Himmel aufgenommen, hat sie diesen heilbringenden Auftrag nicht aufgegeben, sondern fährt durch ihre vielfältige Fürbitte fort, *uns die Gaben des ewigen Heils zu erwirken*" (LG, 62). Deshalb wird sie auch „Mutter der Glieder Christi", „Mutter der Barmherzigkeit", „der Gnade Mutter" und „Mittlerin" genannt und als solche angerufen.

Papst Leo XIII. (1878 - 1903) hatte bereits in seiner Rosenkranzenzyklika von 1891 erklärt: „Man darf behaupten ..., dass *überhaupt nichts* aus diesem übergroßen Schatz der Gnade, den der Herr herbeibrachte, uns nach Gottes Willen zugeteilt wird, *außer durch Maria*" (DH, 3274). Maria wird hier als mütterliche Mittlerin zum Mittler Christus verstanden. Der Weg zu Christus führt damit allein über die vorgeschaltete Instanz Maria. Ist damit auch schon gesagt, dass uns Gottes Gnade nur noch durch die Mittlerschaft der Maria zuteil werden kann?

Maria als Typus und Urbild der Kirche

Wie das Verständnis der Maria als neue Eva so ist auch die Vorstellung von Maria als Typus und Urbild der Kirche in viele Richtungen ausgebaut und mit dem Mutterschaftsgedanken verschränkt worden. Das 2. Vatikanische Konzil sieht in Maria das „Urbild der Mutter". In Verbindung mit dem Gedanken der neuen Eva wird sie auch „zur Mutter aller Lebenden". Der Kodex des Kanonischen Rechts stellt fest, dass Christus die Gottesmutter zur „Mutter aller Menschen bestimmt hat" (CIC, 1186). Als solche wirkt sie in der Rolle der mütterlichen Vermittlerin am Erlösungswerk des Sohnes mit.

Maria und Kirche werden identifiziert

Als Urbild der Mutter wird Maria auch als Urbild der Kirche gesehen. Die Setzung hat sich in ihrer Kombination mit dem Mutterschaftsgedanken als besonders fruchtbar erwiesen, denn auch die Kirche wird als die Mutter der Gläubigen verstanden: „Sie gebiert in der Taufe neue Kinder und ernährt sie in der Eucharistie" (Adam, 251). In der Kirchenkonstitution wurde zudem festgestellt, dass Maria durch ihre leibliche Aufnahme in den Himmel „als Königin des Alls vom Herrn erhöht (wurde), um *vollkommener ihrem Sohn gleichgestaltet zu sein"*(LG, 59). Im gleichen Dokument wird festgestellt, dass *„die Kirche in der seligsten Jungfrau schon zur Vollkommenheit gelangt ist"* (LG, 65), denn Maria ist in der Kirche gegenwärtig. Indem sich die Kirche mit Maria identifiziert, kann sie auch all das auf sich selbst beziehen, was sie zuvor selbst mit den Mariendogmen der Maria zugeschrieben hat. Sie kann sich wie Maria als Mutter verstehen, indem sie „durch Predigt und Taufe die vom Heiligen Geist empfangenen und aus Gott geborenen Kinder zum *neuen und unsterblichen Leben gebiert" (RM, 43=LG, 64).* Sie ist, wie Maria, „selbst auch Jungfrau, da sie das Treuewort, das sie dem Bräutigam (Christus) gegeben hat, unversehrt und rein bewahrt, und in Nachahmung der Mutter ihres Herrn in der Kraft des Heiligen Geistes jungfräulich einen *unversehrten Glauben,* eine feste Hoffnung und eine aufrichtige Liebe *bewahrt"* (LG 64). Wie Maria „ganz heilig und von jedem Sündenmakel frei" (LG 56) ist, so ist auch die Kirche heilig und von Sünde frei. In Sünde und Schuld können zwar Menschen verstrickt sein, die der Kirche angehören, nicht aber die Kirche selbst. Deshalb hat auch die (römisch-katholische) Kirche kein Schuldbekenntnis abzugeben. Sie kann allenfalls die Schuld einzelner ihrer Glieder benennen und bekennen.

Die Unentbehrlichkeit von Maria und Papstkirche

Wie Maria so ist auch die römisch-katholische Kirche für das Heil der Menschen unentbehrlich. Papst Bonifatius VIII. hat1302 kirchenamtlich erneut bestätigt, dass *„außerhalb (der Kirche) weder Heil noch Vergebung der Sünden ist"* (DH, 870). Gemeint ist die nach göttlichem Recht verfasste, hierarchisch gegliederte Amtskirche mit dem Papst an ihrer Spitze. Die päpstliche Verlautbarung erinnert in ihrem Schlusssatz nachdrücklich daran, *„ dass es für jedes menschliche Geschöpf unbedingt notwendig zum Heil sei, dem Römischen Bischof unterworfen zu sein"* (DH, 875).

Die Marienlehre durchdringt alle Dogmen

Noch ist nicht absehbar, welche weiteren Analogieschlüsse aus der leiblichen Aufnahme Marias in den Himmel für die himmlische Präsenz der Kirche gezogen werden. Immerhin hat die römisch-katholische Kirche nach ihrem Selbstverständnis bereits jetzt Zugriff auf den von ihr verwalteten himmlischen Kirchenschatz. Darunter sind die im Himmel verwahrten Verdienste und Sühneleistungen Christi und der Heiligen zu verstehen, die von der Kirche Lebenden und auch Verstorbenen zugewendet werden können. Aus diesem unerschöpflichen himmlischen Gnadenschatz wurde auch mit dem Ablass anlässlich des Weltjugendtages in Kön 2005 wieder reichlich geschöpft und verteilt.

Mit diesen wenigen Hinweisen ist längst nicht ausgeleuchtet, wie tief nahezu alle Teile des römisch-katholischen Lehrsystems von der Marienlehre durchdrungen sind. M. Schmaus (kath.) schreibt: „In der Mariologie laufen fast alle theologischen Linien zusammen, die christologische (Christus betreffende), die ekklesiologische (die Kirche betreffende), die anthropologische (den Menschen betreffende) und die eschatologische (die letzen Dinge betreffende)“ (nach Schöpsdau, 8).

Selbstkritische katholische Stimmen

Nach dem 2. Vatikanischen Konzil wurden jedenfalls innerhalb der römisch-katholischen Kirche äußerst kritische Stimmen gegenüber einem sich ausbreitenden Marianismus laut. H. Küng (kath.) urteilt so: „Spätestens mit den beiden letzten Dogmatisierungen von 1854 (Unbefleckte Empfängnis) und 1950 (leibliche Aufnahme der Maria in den Himmel) ist sie (Maria) in das Assoziationsfeld von Papalismus und Triumphalismus geraten: Marienverehrung, Papstvergötzung und Zölibatszwang als drei Grundfaktoren in der Entwicklung des mittelalterlich-gegenreformatorisch-antimodernistischen römischen Systems“ (Küng, 11). „Eines ist gewiss: Die Mariengestalt bedarf der Befreiung von gewissen Bildern – von den Wunschbildem einer männlich-zölibatären Priesterhierarchie ebenso wie von den Wunschbildern einer kompensatorischen Identitätssuche von Frauen“ (Küng, 13).

Der nichtkatholische Beobachter hat den Eindruck, dass es in der römisch-katholischen Theologie kaum mehr einen Bereich gibt, der nicht zu Maria in Beziehung gesetzt wird, und dass es in der kirchlichen Praxis kaum noch etwas gibt, wofür Maria nicht zuständig ist.

In der geschichtlichen Entwicklung ist die Marienlehre durch die Marienverehrung des Volkes angeregt und oft sogar festgelegt worden. Gegenwärtig kommen umgekehrt aus den Mariendogmen und dem Marienverständnis der römisch-katholischen Kirche neue Impulse, welche die Marienverehrung vorantreiben. Die Amtskirche warnt zwar vor Übertreibungen, begrüßt, empfiehlt und fördert aber die Marienverehrung in Volksfrömmigkeit und kirchlicher Praxis. Katholische Theologen sind um die symbolische Deutung der Mariendogmen bemüht. Das ändert freilich nichts an der Verpflichtung, diese Dogmen im Sinne ihres Wortlauts zu bejahen.

Erscheinungsformen der Marienverehrung

Das Kirchenjahr der römisch-katholischen Kirche ist von vielen Marienelementen durchwoben. Es gibt 5 marianische Hochfeste, 8 marianische Gedenktage, weitere 21 regionale Marientage und die Samstage, die generell als Marientage gelten. Dazu kommen die Marienmonate Mai und der Rosenkranzmonat Oktober mit den täglichen Andachten. Dies alles wird noch überhöht durch das „Marianische Jahr“, das nur der Papst ausrufen kann. Außerhalb des geordneten Kirchenjahres gibt es örtlich und regional besondere Marienbilder, Marienbrunnen, Marienquellen, Marienkapellen, Marienkirchen, Marienaltäre, Marienerscheinungen, die mit Prozessionen, Wallfahrten und ungezählten Bräuchen verbunden sind. Besondere Anziehungspunkte sind oft die Marienbilder, zumal, wenn von ihnen gesagt wird, dass sie sich bewegen, dass sie schreien, weinen, bluten, schwitzen, mit dem Finger winken, Glück bringen, Gesundheit vermitteln, aber auch strafen und drohen, auf geheimnisvolle Weise auftauchen und so auch wieder verschwinden. Augenfällig wird der Marienkult besonders an Wallfahrtsorten, an denen ungezählte Devotionalien, Weihemünzen, Amulette, Talismane und Medaillons angeboten werden. Auch Marienlieder, Mariendichtungen und vieles andere mehr tragen die Marienverehrung bis in den privaten Bereich hinein.

Gebete zu Maria

Einen Schwerpunkt der Marienfrömmigkeit bilden die kirchlichen und privaten Mariengebete, in denen Maria um Schutz und Hilfe angerufen wird. Die Gebete richten sich deshalb an Maria, weil sie im römischen Lehrgebäude die Rolle der Mittlerin zu Christus einnimmt. Die Rosenkranzenzyklika von Papst Leo XIII. 1871 sagt:

„Wie niemand zum höchsten Vater gelangen kann, außer durch den Sohn, *niemand zu Christus gelangen kann, außer durch die Mutter*" (DH, 3275). Auch Papst Johannes Paul II. forderte 1987 die Gläubigen wieder dazu auf, zu Maria zu flehen damit sie „bei ihrem Sohn Fürbitte einlege" (RM 50). Der Zugang zu Christus führt über Maria.

Nichtkatholiken weisen Vereinnahmungen zurück

Nichtkatholische Christen werden die Marienlehre und die Marienverehrung als konfessionelle Eigenart der römisch-katholischen Kirche respektieren, soweit sie davon nicht selbst betroffen sind. Nun greift aber die römisch-katholische Marienlehre entschieden über den Bereich der römisch-katholischen Kirche hinaus. Papst Paul VI. erklärte 1964: „Die Kenntnis der wahren katholischen Lehre über die selige Jungfrau Maria wird immer ein Schlüssel für das genaue Verständnis der Geheimnisse Christi darstellen" (zitiert in RM 47). Danach wird Nichtkatholiken, die der römisch-katholischen Marienlehre nicht zustimmen, die Fähigkeit abgesprochen, das Geheimnis Christi zu erkennen.

Nach der Ausrufung des Dogmas von der leiblichen Aufnahme Marias in den Himmel hat Papst Pius XII. die ganze Welt dem Herzen Marias geweiht – was immer das für einen Nichtkatholiken heißen mag, der in diesen pauschalen Weiheakt ungefragt einbezogen worden ist. Diese globale Weihe schloss nicht aus, dass auch einzelne Länder immer wieder der Maria geweiht wurden. So hat Kardinal Frings auf dem Katholikentag 1954 in Fulda ganz Deutschland dem unbefleckten Herzen Marias geweiht, was von Nichtkatholiken als grobe Vereinnahmung empfunden wurde. Höhepunkte der Pastoralreisen von Papst Johannes Paul II. waren dessen Besuche der landestypischen Marienwallfahrtsorte. An diesen Marienorten pflegte er das Land der Königin Maria zu weihen. Auf den Philippinen hat er alle Nationen und Völker Asiens der Gottesmutter anbefohlen, und in Togo legte er die Zukunft nicht nur Afrikas, sondern erneut der ganzen Welt in die Hände Marias. Auf Nichtkatholiken wirkt es schon sehr vereinnahmend, wenn sie sich einer Art Muttergöttin geweiht sehen, mit der sie entweder gar nichts verbinden, oder deren römisches Verständnis sie zurückweisen.

Gegensätzliche Bewertung der Rolle Marias

Unverständnis und Ratlosigkeit hat es ausgelöst, als der Papst und römisch-katholische Bischöfe von ihrem Marienverständnis her Maria sogar zur „Mutter der Einheit“, zur „Einigerin der Völker“ oder gar zur „Patronin der Ökumene“ erklärten. Papst Johannes Paul II. war sogar der Überzeugung, die gemeinsame Vertiefung in den Formenreichtum der großen marianischen Tradition der Kirche „wäre eine echte Hilfe, um den Dialog, der zwischen der katholischen Kirche und den Kirchen und kirchlichen Gemeinschaften des Abendlandes im Gange ist, voranzubringen“ (RM 34).

Die geschichtliche Erfahrung lehrt freilich das Gegenteil. Der Kampf der mittelalterlichen Kirche gegen alle auf die Bibel sich berufenden Reformbewegungen wurde im Zeichen der Jungfrau Maria geführt: gegen die Albingenser, die Katharer, die Waldenser und auch gegen die Reformation, die von M. Luther ausging. Überall im Lande wurden Mariensäulen aufgestellt, die die Gottesmutter als die „Überwinderin aller Ketzereien“ vergegenwärtigten. Viele ehemalige Christuskirchen wurden in Marienkirchen umbenannt, und Kreuze in den Apsiden wurden durch Marienstatuen ersetzt. Die Kirche der Gegenreformation profilierte sich als marianische Kirche. Die marianischen Dogmen und die in Wechselbeziehung dazu stehende Marienverehrung der römisch-katholischen Kirche erweist sich aus protestantischer Sicht auch heute neben dem Dogma vom unfehlbaren Papsttum als ein großes Hindernis und als eine schwere Belastung für den Dialog der Konfessionen.

Wie Protestanten Maria, Marienfrömmigkeit und Mariendogmen sehen

Gegensätze klar benennen

Es gibt kaum ein Thema, bei dem römischer Katholizismus und Protestantismus so weit voneinander entfernt sind, wie im Verständnis der Maria und der daraus folgenden Marienverehrung. Das liegt daran, dass die Differenz zwischen der römisch-katholischen Lehre und den Zeugnissen des Neuen Testaments nirgendwo sonst so groß ist wie hier. Indem die Differenzen benannt und die protestantischen Bedenken gegenüber den Mariendogmen skizziert werden, tritt das Profil des protestantischen Marienverständnisses hervor. Für das katholisch-protestantische Gespräch über orthodoxe Marienikonen ist es für alle Seiten unerlässlich, außer der eigenen Position auch die des Gesprächspartners zu kennen. Generell kann gesagt werden: Keines der vier marianischen Dogmen der römisch-katholischen Kirche kann sich auf das Neue Testament berufen.

Zur Jungfrauengeburt

Dieses Dogma stützt sich auf die Geburtsgeschichten in den Evangelien des Mathäus und Lukas, die untereinander erhebliche Differenzen aufweisen und innerhalb des Neuen Testaments völlig singulär dastehen. Diese Texte sind außerdem nicht als historische Berichte zu verstehen, sondern als in der nichtjüdischen Welt plausible Ausdrucksformen, mit denen man die Bedeutung der Person Jesu zu artikulieren suchte. Es ist diesen poetischen Texten nicht angemessen, sie als Faktenaussagen zu verstehen und diese zur Grundlage weiterer Schlüsse oder gar zu göttlichen Wahrheiten zu machen.

Zur Immerjungfrau

Jesus wird auch innerhalb der Geburtsgeschichten des Lukas als Marias „erster Sohn“ bezeichnet (Lk 2,7). Von seinen Brüdern, die sogar namentlich genannt werden, und von seinen Schwestern ist im Neuen Testament verschiedentlich die Rede (Mk 6,3; Mt 13,55; Joh 2,12 und 7,3-5, Apg 1,14; 1. Kor. 9,5; Gal 1,19). Der Kirchenvater Tertullian (gest. nach 220) stellt Maria als vorbildliche Mutter einer kinderreichen Familie dar, und der Kirchenvater Hieronymus (gest. 419/20) weist betont auf die Normalität der Ehe Marias hin. Der früheste Hinweis auf die Vorstellung einer bleibenden Jungfräulichkeit taucht erst Ende des 2. Jahrhunderts im apokryphen Protevangelium des Jakobus auf.

Zur Gottesmutter

Der Ehrentitel „Gottesgebärerin“, der Maria durch das Konzil von Ephesus 431 verliehen wurde, ist ein logischer Schluss aus dem geistigen Versuch der ersten Konzilien, in der Person Jesu die göttliche und die menschliche Natur zur Einheit zusammenzubinden. Die Klärungsprozesse, die dazu führten, Jesus als den wahren Menschen und den wahren Gott zu bekennen, vollzogen sich in der Denkform der griechischen Sprache und Kultur und haben darin ihre Plausibilität. Aber auch diese Denkform ist - wie andere – zeit- und kulturgebunden. Sie ist eine mögliche Ausdrucksform, aber nicht der Inhalt und der Kern des Bekenntnisses zu Jesus als Person, in der sich uns Gott in menschlicher Gestalt zeigt. Diese Form des Ausdrucks darf nicht als Faktenaussage gedacht und zur Basis für weitere logische Operationen gemacht werden, mit denen sich weitere Faktenaussagen über Maria gewinnen ließen.

Protestanten haben gegen den Ehrentitel „Gottesmutter" nichts einzuwenden, solange klar ist, dass damit innerhalb einer alten griechischen Ausdrucksform auf die göttliche Dimension der Person Jesu hingewiesen werden soll. Sie sehen in diesem Titel aber eine Irreführung, wenn darin im Blick auf Jesus der Gedanke der biologischen Vaterschaft Gottes mitenthalten ist und auch die Mutterschaft in diesem Sinne gemeint und auf die Person der Maria bezogen wird.

Zur Unbefleckten Empfängnis der Maria

Das Dogma von der Unbefleckten Empfängnis der Maria ist auf dem Hintergrund jener alten Vorstellung entstanden, nach der die Ursünde/Erbsünde des Menschen allein durch den väterlichen Samen auf das Kind übertragen wird, da die Mutter nur als Ackerboden, nicht aber genetisch an der Fortpflanzung beteiligt ist. Seit der Mitte des 19. Jahrhunderts kennen wir den gleichwertigen biologischen Anteil von Mann und Frau bei der Fortpflanzung. Damit ist der Vorstellungsrahmen abhanden gekommen, in dem dieses Dogma plausibel ist. In den neutestamentlichen Schriften gibt es für dieses Dogma ohnehin keinen Anhaltspunkt.

Marienfrömmigkeit droht den Christusglauben zu überlagern

Die neutestamentlichen Schriften sind allesamt Christuszeugnisse. Der Protestantismus ist sich weltweit darin einig, dass allein die Heilige Schrift der Grund des christlichen Glaubens sein kann. Die römisch-katholische Kirche hat die Tradition als gleichwertige Glaubensquelle neben die Schrift gestellt, ja, die Tradition durch die Vollmachten in Gestalt des Papstes faktisch sogar zur alleinigen Interpretin der Schrift erhoben und damit über die Schrift gestellt. Aus der Aufwertung der Tradition ist die Marienlehre der römisch-katholischen Kirche hervorgewachsen. Der so entstandene Marienglaube droht den Christusglauben zu überlagern und zu überfremden, was in der Volksfrömmigkeit bereits spürbar eingetreten ist. Deshalb richtet sich die protestantische Kritik gegen die Tendenzen in der römisch-katholischen Mariologie, die Person der Maria und ihren Anteil am Heilsgeschehen der Person Christi schrittweise anzugleichen, wie das zum Beispiel in der Gegenüberstellung von Eva und Maria deutlich wird, wonach der Tod durch Eva, das Leben aber durch Maria wurde (LG, 56). Hier wird eine Analogie zu jenen Sätzen aufgebaut, mit denen Paulus in Römer 5,12 das Gegenüber von Adam und Christus zum Ausdruck bringt: Wie durch die Übertretung des einen, nämlich des Adam, Sünde und Tod in die Welt gekommen sind, so sind durch den Gehorsam des Einen, nämlich Christus, Gerechtigkeit und Leben wiedergebracht worden.

Einspruch gegen die Angleichung der Maria an Jesus

Den protestantischen Einspruch und die Bedenken gegen die zunehmende Gleichgestaltung von Person und Heilswerk des Christus und der Maria hat H. Grass so formuliert: „Seit die katholische Kirche Maria in ihre Obhut genommen hat, ist die Mariologie – von der Marienverehrung ganz zu schweigen – immer wieder ausgebaut worden, analog dem Weg ihres Sohnes. Wir wollen noch nicht den Vorwurf der Quaternität erheben. Es wird ja immer wieder betont, dass Maria all ihre Vorzüge Christus verdankt. Aber *ihr Leben ist in einer Weise dem des Erlösers gleichgestaltet worden, dass der ‚Miterlöserin' nichts mehr im Wege zu stehen scheint. Christus droht abzublassen zum bloßen Beschaffer der Gnade, während Maria die Gnade und die Gnaden überschwänglich mitteilt und austeilt. Sie ist die eigentlich gegenwärtige und wirkungsvolle Mittlerin.* Dem gegenüber hat das reformatorische ‚Christus allein', das auch das des Neuen Testaments ist, sein bleibendes Recht" (Grass b 111). H. Grass erinnert die katholische Kirche an die Rede des Apostels Petrus vor dem Hohen Rat der Juden, die in Apostelgeschichte 4,12 mit den eindeutigen Sätzen endet: „In keinem anderen (als in Jesus Christus) ist das Heil zu finden. Denn es ist uns Menschen kein anderer Name unter dem Himmel gegeben, durch den wir gerettet werden sollen." Dieser Text ist uns von Lukas, dem Verfasser der Apostelgeschichte, überliefert worden, dem einzigen, der uns in seinem Evangelium neben Matthäus einen Text über die Geburt Jesu überlassen hat. Selbst Lukas schließt jede Art von Beteiligung am Heilswerk Christi durch Maria aus. Das „solus Christus“ (allein Christus) ist das unbestrittene Zeugnis und Bekenntnis in allen neutestamentlichen Schriften.

Zum Umgang der Orthodoxen mit Maria

Wie sieht und beurteilt der Protestantismus das *orthodoxe* Marienverständnis? Mit Martin Luther gilt für die Protestanten, dass alles, was über Maria zu sagen ist, sich auf Christus beziehen muss, und nicht auf die Erhöhung und Ehre der Maria. Eben dieses Prinzip gilt im Wesentlichen auch in der Orthodoxie. Die Marienaussagen der Orthodoxie sind durchweg christusorientiert. Deshalb typisiert und verselbständigt die Orthodoxie Maria auch nicht zum „Urbild der Kirche“, zur „Erlösergestalt als Antitypus zu Eva“, zur „Patronin der Ökumene“ u. a. Sie verselbständigt und vergegenständlicht auch keine Eigenschaften der Maria, um sie dann als verbindliche Glaubenswahrheiten festzuschreiben.

In den Lehrbüchern des orthodoxen Glaubens taucht Maria als eigenständiges Thema überhaupt nicht auf. H. Alfejevs „Einführung in die orthodoxe dogmatische Theologie“ von 2003 enthält bezeichnenderweise keinen eigenständigen Abschnitt über Maria. K. Ch. Felmy weist auf etwas sehr Charakteristisches hin: „Die orthodoxe Frömmigkeit zeigt ... eine nicht immer von der theologischen Reflexion gedeckte Inbrunst“ (in RGG 4. A., 828). Das Marienverständnis der Orthodoxie ist eben nicht in der begrifflichen Theologie, sondern im Lobpreis, in der Frömmigkeitspraxis, verortet. Der Hymnus spricht nicht die Sprache des Kopfes, sondern des Herzens. Er spricht deshalb auch nicht den Kopf, sondern das Herz an. Seine Sprachebene ist die der poetischen Bilder, der Symbole, der Metaphern.

Den Protestanten sind Sprache und Inhalte der orthodoxen Marienfrömmigkeit zwar nicht vertraut, aber sie halten es mit Luther, der sagte, von Maria „mag denken jeder Mann, was er will, aber doch, dass er keinen Artikel des Glaubens daraus mache“ (TRE, 139). Kirchentrennend sind nicht schon andere Sprachformen, Denkformen, Betrachtungsweisen oder Bilder. Darin ist eher ein Reichtum zu sehen. Kirchentrennend aber ist es, wenn eine Konfession ohne partnerschaftliche Kontakte zu den anderen einseitig Dogmen als von Gott offenbarte Wahrheiten ausruft und damit zugleich allen, die diesem Dogma nicht zustimmen, den vollwertigen christlichen Glauben abspricht.

Die Basis für die protestantischen Einsprüche

Der protestantische Einspruch gegen die Marienlehren und gegen viele Formen der Marienverehrung in der römisch-katholischen Kirche und auch gegen die volkstümliche Marienverehrung in der orthodoxen Kirche gründet in der Sorge, dass das klare Christusbekenntnis zunehmend von marianischen Praktiken und Dogmen, von urheidnischen Motiven und von machtpolitischen Interessen überfremdet und verdunkelt wird. Denn für das Marienverständnis der Protestanten gilt das, was der Heiligen Schrift zu entnehmen ist. Was über diese Zeugnisse hinausgeht oder ihnen widerspricht, kann für den christlichen Glauben nicht verpflichtend sein. In seiner Rede vor dem Hohen Rat artikuliert Petrus sein Bekenntnis allein zu Christus sehr eindeutig. Er sagt: „In keinem anderen ist das Heil zu finden. Denn es ist uns Menschen kein anderer Name unter dem Himmel gegeben,durch den wir gerettet werden sollen“ (Apg. 4,2).

Die biblische Maria

Maria hat ihre volle Würde als Mutter Jesu. Als solche wird sie von Protestanten auch geehrt, freilich in keiner Weise kultisch verehrt. Als Vorbild im Glauben wird sie insofern verstanden, als sie sich nach der Zeichnung der beiden Geburtsgeschichten vorbehaltlos auf den Weg rufen ließ, den Gott sie führen wollte. Sie nahm für sich keine Verdienste in Anspruch, die von der Kirche dann verwaltet und später sogar von kirchlichen Amtsträgern an andere verteilt werden sollten. Von anderen Frauen ihrer Zeit unterschied sie sich nicht und wollte auch nicht über diese hinausgehoben werden. Sie huldigte auch keinem Ideal der Jungfräulichkeit oder Askese, das Mönchen, Nonnen oder zölibatär lebenden Priestern als Vorbild vorgehalten werden sollte oder könnte. Ihre Ehe mit Josef war ebenso normal wie ihre Mutterrolle in einer großen Familie. Von Sündlosigkeit war sie ebenso weit entfernt wie von dem Anspruch, über die Geburt Jesu hinaus im göttlichen Heilsgeschehen auch nach ihrem Tod im Rang über allen Heiligen eine hervorgehobene Rolle zu spielen.

Zum Kreis der ersten Jüngerschaft gehörte sie nicht. Den Weg ihres erstgeborenen Sohnes verfolgte sie, samt ihrer Familie, mit

Skepsis und Besorgnis. Jesu Tod hat sie nicht unmittelbar miterlebt, aber sie hat sich nach dessen Tod zum Kreis der Jünger gehalten.

Der Gedanke, zur Himmelskönigin, zur Mutter der Kirche, zur Mutter aller Lebenden, zum Antitypus der Urmutter Eva, zur Patronin der Ökumene erhöht und als solche verehrt und als Vermittlerin von Gebeten angesprochen zu werden – das alles dürfte sie eher erschreckt als in ihrem Selbstverständnis bestätigt haben. Zu ihren Lebzeiten kann das alles ohnehin noch nicht im Gespräch gewesen sein. Und von der Jungfrauengeburt wird die historische Mutter Jesu wohl nie etwas erfahren haben, denn davon ist erstmalig und einmalig im Neuen Testament in den Geburtsgeschichten des Matthäus und Lukas die Rede, also nicht vor dem Jahr 90. Zu diesem Zeitpunkt wäre Maria schon älter als hundert Jahre gewesen. Es ist außerdem recht unwahrscheinlich, dass die Evangelien des Matthäus und Lukas in Palästina bekannt waren, denn beide sind um das Jahr 90 in griechischer Sprache an griechisch sprechende Judenchristen geschrieben worden, die außerhalb Palästinas lebten. Der erste Legendenkranz über Maria, der zur weiteren Legendenbildung anregte, stammt erst aus der Zeit um 150. Das sind, realistisch gerechnet, mehr als hundert Jahre nach Marias Tod.

Das Beten bedarf keiner Vermittlerin

Was das Gebet zu Maria betrifft, so gilt für Protestanten, dass der Tod eine Grenze ist, über die hinaus es mit Sterblichen keine Kommunikation gibt. Das gilt für jene Christen, die wir Heilige nennen und auch für Maria. Eine Mutter Jesu, die nicht in jeder Hinsicht voll Mensch wäre, würde ja sogar in Frage stellen, dass Jesus als wahrer Mensch zu sehen ist. Für das Gebet gilt, was Jesus nach der Bergpredigt dazu gesagt hat: „Geh in deine Kammer, wenn du betest ... bete zu deinem Vater, der im Verborgenen ist ... euer Vater weiß, was ihr braucht, noch ehe ihr ihn darum bittet". Wer von Herzen betet, braucht dazu keine vermittelnden Instanzen oder Personen.

Poetische Rede darf nicht verdinglicht werden

Protestanten sind dafür offen, dass in poetischer Sprache über Maria gesprochen wird, sofern es dabei um Hinweise auf Christus geht. Wo aber diese poetische Sprechweise verdinglicht wird und zu Faktenaussagen über Maria führt, da sehen sie Spekulationen am Werk, die sich vor den biblischen Schriften nicht ausweisen können, und die daher auch für den christlichen Glauben keine Verbindlichkeit beanspruchen dürfen. Auch bei den Gottesmutterikonen wird darauf zu achten sein, dass sie Christuszeugnisse bleiben und nicht zu verdinglichten Wesensaussagen über Maria werden.

7. Die autonomen Gottesmutterikonen

Zur Vorgeschichte

Nachdem wir den gedanklichen Hintergrund für die Marienikonen geklärt haben, wird es möglich sein, mit wenigen Hinweisen die Botschaft dieser Bilder hörbar zu machen. Festzuhalten bleibt, dass uns aus den beiden ersten Jahrhunderten keine Marienbilder bekannt sind, weil es keine gab. Im 3. und 4. Jahrhundert wurde Maria erstmalig auf römischen Sarkophagen und in Katakomben dargestellt, und zwar im Zusammenhang mit biblischen Szenen, die etwas über Christus aussagen, wie z. B. auf dem Weihnachtsbild. Gegen Ende des 5. und im 6. Jahrhunderts kommen szenische Themen hinzu, die den anwachsenden Legendenkränzen entnommen sind, vor allem dem Protevangelium des Jakobus (nach 150). Diese szenischen Marienbilder sind Erzählbilder, die die umlaufenden Marienlegenden in die Sprache des Bildes umsetzen. Das spezifische Marienverständnis der orthodoxen Kirche drückt sich aber nicht in diesen szenischen Bildern, sondern in erster Linie in den *autonomen* Marienbildern aus, die Maria und Jesus allein darstellen. Davon soll hier hauptsächlich die Rede sein.

Wie ist es überhaupt zu diesen autonomen Marienbildern gekommen, aus denen die Marienikonen hervorgegangen sind? Denn sie stehen ebenso wenig wie die autonomen Christusbilder am Anfang der christlichen Malerei, sondern setzen bereits mehrere Jahrhunderte christlicher Bildkunst und bestimmte politische Bedingungen voraus.

Die ersten christlichen Bilder, die nur eine Person darstellen, und deshalb *autonome* Bilder genannt werden, sind im Zusammenhang mit der **Verehrung der Märtyrer** entstanden. Die Märtyrerverehrung setzte im Osten bereits um die Mitte des 2. Jahrhunderts ein, im Westen etwa ein Jahrhundert später. Hintergrund dafür waren die Bestattungsbräuche und der Totenkult, den die Christen von ihrer heidnischen Umwelt übernommen hatten. In Rom bestatteten auch die Christen ihre Verstorbenen in den Katakomben. Wohlhabende Römer schmückten die Grabkammern mit einem Portrait der dort bestatteten Person. Die hier angewandte Portraitkunst konnte bereits auf eine lange Tradition zurückblicken.

Im 4. Jahrhundert waren Totenportraits im Totenkult der Christen weithin üblich. Das galt besonders für die Märtyrer, in deren Grabkammern sich die Gemeinde an Gedenktagen versammelte. Das anlässlich des Totengedächtnisses geübte Gebet *für* den Märtyrer begann sich bereits Ende des 3. Jahrhunderts in ein Gebet *zum* Märtyrer zu wandeln. Seit dem Ende des 4. Jahrhunderts verstand man den Märtyrer bereits als Anwalt und Fürsprecher der Irdischen bei Gott und als Schutzpatron einzelner Menschen oder auch einer ganzen Stadt.

Als die Kirche im 4. Jahrhundert aus dem Untergrund in die Öffentlichkeit treten und sogar Kirchen bauen durfte, wandelte sich die lokale Verehrung zur kirchlichen Märtyrerverehrung. Der Märtyrerkult löste sich jetzt vom Ort der Bestattung ab. Im mobilen Tafelbild oder im Mosaik oder Freskobild konnte der Märtyrer überall gegenwärtig sein: in jeder Kirche, auf jedem Altar, in jedem Haus.

Gegen Ende des 4. Jahrhunderts entstanden vielerorts Memorialkirchen, in deren Apsiden die regionalen Märtyrer oder auch der Ortsheilige monumental dargestellt wurden. Der Märtyrer oder Heilige wurde so zum Gegenüber und Ansprechpartner der Gemeinde. Nachdem Kaiser Theodosius I. die christliche Kirche zur Staatskirche erhoben und 392 mit dem heidnischen Ahnenkult auch die privaten Totenportraits verboten hatte, waren nur noch Portraits der kirchlich anerkannten Märtyrer und Heiligen erlaubt.

Dieser Hintergrund hilft uns, das Wesen und das Entstehen der Marienbilder zu verstehen. Im 4. Jahrhundert hatte sich der Brauch durchgesetzt, der Anrede des Märtyrers das Wort „heilig" voranzustellen. Man brachte damit zum Ausdruck, dass im Blutzeugnis dieses Menschen der heilige Gott in besonderer Weise sichtbar geworden war. Als mit Kaiser Konstantins Edikt von 313 die Christenverfolgung eingestellt und die Christen den anderen Religionsgemeinschaften gleichgestellt wurden und keine Märtyrer mehr zu erwarten waren, weitete sich der Begriff „heilig". Askese und Jungfräulichkeit wurden jetzt als das tägliche, unblutige und spirituelle Martyrium verstanden. Personen, die diese Ideale verkörperten, wurden (nicht erst nach dem Tod, sondern schon zu Lebzeiten) als Heilige angesehen und verehrt.

Der Kult der Heiligenverehrung setzte ein umfängliches Wissen über den jeweiligen Heiligen voraus: Man musste vor allem wissen, wo und wann er gestorben, wo und wann er bestattet war. Auch eine Körperreliquie war erforderlich. Und schließlich musste man wissen, wie er ausgesehen hatte, damit man ihn im Bilde vergegenwärtigen konnte.

Als man **Maria als Heilige** zu verstehen begann und ihr später sogar den Ehrentitel „Panhagia“ (Allheilige) und „Hyperhagia“ (Überheilige) gab, fehlten von ihr alle für eine kultische Verehrung erforderlichen Grunddaten. Man wusste nichts über ihr Ende, kannte weder ihren Sterbetag noch ihren Sterbeort und wusste auch nicht, wie sie ausgesehen hatte. Der Kirchenvater Augustinus (gest. 430) stellt noch fest: „Von der Gestalt der Jungfrau weiß man nichts.“ Die Datenlücke wurde schließlich von einer Marienlegende ausgefüllt, nach der Maria in Ephesus gestorben und dort auch bestattet sein sollte. War es nur Zufall, dass gerade in Ephesus das Wallfahrtszentrum mit dem Tempel der heidnischen Gottesmutter Artemis stand? In der Zeit, als die ersten Marienbilder entstanden, nämlich im 5. Jahrhundert, tauchten im Osten auch Legenden auf, die erzählten, dass der Evangelist Lukas mit eigener Hand drei Bilder der Mutter Jesu zu deren Lebzeiten gemalt habe. Weitere siebzig seien nach ihrem Tod entstanden. Damit schien auch die Authentizität der Marienbilder gesichert. Viele berühmte Marienbilder gelten als „Lukasbilder“, so z. B. die Vladimirskaja in Russland (12. Jahrhundert), die Gottesmutter „Hoffnung der Verzweifelten“ im Dom zu Freising (13. Jahrhundert), die Schwarze Madonna von Tschenstochau in Polen (14. Jahrhundert). Gegenwärtig gibt es etwa 600 Bilder, die nach der Legende als Werke des Evangelisten Lukas gelten.

Schließlich stellte sich auch eine Reliquie der Maria in der Gestalt ihres Mantels ein, von dem es hieß, er sei in ihrem leeren Grab aufgefunden worden. Um dieses leere Grab stritten sich zwar bald Ephesus und Jerusalem, aber Konstantinopel sicherte sich die Berührungsreliquie, nämlich den Mantel der Maria.

Die historische Wahrheit sieht nüchterner aus: Das Konzil von Ephesus hatte 431 Maria den Titel „Gottesgebärerin“ verliehen. Das brachte sie in den Rang der Gottesmütter und Muttergottheiten all jener alten und großen Kulte, die im Bewusstsein der Menschen noch lebendig waren. So hatte der Kult der Diana von Ephesus, der jungfräulichen Allmutter, im 3. Jahrhundert seinen Höhepunkt erreicht. Die himmlischen Mütter der Mysterienreligionen waren im Frömmigkeitsbewusstsein der Menschen noch präsent. Ende des 4. Jahrhunderts hatte man viele Tempel der ägyptischen Isis in Marienkirchen umgewidmet und umgeweiht. Die Metaphern, mit denen man diese Gottesmütter einstmals verehrte, wurden auf Maria übertragen und in den Marienkult übernommen. Mit diesen sprachlichen Metaphern wuchsen Maria auch jene Rollen zu, die den Gottesmüttern der alten Kulte eigen waren. Maria wurde zur universalen Beschützerin, Helferin und Fürsprecherin bei Gott. Den aufkommenden Marienkult hat um die Mitte des 5. Jahrhunderts die Kaiserin Pulcheria energisch unterstützt.

Da man das Aussehen der Maria nicht kannte, griff man für ihr Kultbild auf bekannte Kultbilder bisheriger Gottesmütter zurück. Da bot sich neben den Muttergottheiten der Naturkulte vor allem die Gottesmutter Isis mit ihrem Sohn Horus an. Umwidmungen dieser Art sind ein in der Religionsgeschichte üblicher Vorgang. Er bringt zum Ausdruck, dass die neue Gottheit als die stärkere an die Stelle der alten getreten ist. Die Herrschaftsinsignien für die universale Gottesmutter konnte man den im ganzen Reich bekannten Symbolen des kaiserlichen Hofes entnehmen: den Thronsessel, den Fußschemel, die Gewänder der Kaiserin und die den Herrschern vorbehaltene Purpurfarbe.

Ein Kultbild war für die Marienverehrung deshalb so wichtig, weil im Bewusstsein der griechisch-römischen Kultur die im Bild dargestellte Person als real gegenwärtig erlebt wurde. Man war auch überzeugt, dass umgekehrt die Verehrung, die man dem Bild entgegenbrachte, auf das Urbild, nämlich auf die dargestellte Person, überginge. Tief im Menschen verwurzelte vorchristliche Praktiken wurden so in das Christentum integriert und mit neuen Inhalten gefüllt. Maria konnte auf diese Weise innerhalb der bekannten Verehrungspraktiken zur gemeinsamen christlichen Identifikationsfigur für Menschen der unterschiedlichsten religiösen Herkunft werden.

Bei alledem bleibt aber festzuhalten, dass die ersten autonomen Marienbilder nicht die Person der Maria als solche darstellen wollen, sondern Maria in ihrer Rolle als Mutter Jesu. Die Marienbilder sind also wegen des Kindes entstanden. Man sah keine andere Möglichkeit, die Menschwerdung Gottes darzustellen als durch Jesus auf dem Arm seiner menschlichen Mutter. Diese Marienbilder sind daher in erster Linie Christusbilder oder Gottesbilder. Erst über diese Mutterrolle, und daraus hergeleitet, gewann Maria ihr Profil als Person, bis hin zu den vielfältigen Rollenzuschreibungen, die noch folgen sollten.

Aus den ersten autonomen Marienbildern, die schon im 5. Jahrhundert entstanden, bildeten sich unterschiedliche Bildtypen heraus. Die ältesten erhaltenen Marienbilder stammen aus dem 6./7. Jahrhundert. Heute sind mindestens vierhundert Varianten von Gottesmutterbildern bekannt. Diese lassen sich freilich auf wenige Grundtypen zurückführen. Die wichtigsten Grundtypen sollen im Folgenden vorgestellt werden. Unser Blick ist dabei in erster Linie auf die Botschaft gerichtet, die der jeweilige Typ vermittelt. Religionsgeschichtliche Herkunft, kunstgeschichtliche Entwicklung und Zuordnung, das Material der Ikonen (Elfenbein, Mosaik, Fresko, Tafelmalerei oder Buchmalerei) und sonstige Besonderheiten werden nur erwähnt, sofern sie dazu beitragen, die Botschaft zu verdeutlichen.

Die Orans / die bittende Gottesmutter

Die Orans ist eine menschliche Gestalt, die mit erhobenen Armen (in Gebetshaltung) dargestellt wird. Die Innenflächen der Hände sind nach vorn oder nach oben gerichtet. Dieser Gestus galt bereits in vorchristlicher Zeit als Ausdruck der *pietas*/Frömmigkeit. Die Bezeichnung „Orans" (betend) weist darauf hin, dass mit dieser Haltung Gebet oder Anbetung gemeint ist. In einer römischen Grabkammer aus der ersten Hälfte des 4. Jahrhunderts ist uns eine Darstellung erhalten geblieben, die eine Mutter in der Orantinnenhaltung zeigt. Vor ihr ist ihr Sohn abgebildet. Offenbar wurden beide hier bestattet (T 1). Als Kaiser Theodosius 392 den heidnischen Ahnenkult und damit auch alle privaten Totenportraits verbot, durfte nur noch die Gottesmutter in dieser Weise dargestellt werden.

1 – Orantin mit Kind. Wandmalerei im Coemeterium Maius in Rom, dem Bestattungsort der dargestellten Verstorbenen. 1. Hälfte 4. Jahrhundert.

Bei den Römern war es üblich, Verstorbene auf einem Medaillon in der Form eines leicht gewölbten Rundschildes (clipeus) abzubilden. Auch Kaiser und Helden bildete man in dieser Weise ab und brachte damit deren Vergöttlichung zum Ausdruck. So gab es Statuen der Siegesgöttin Nike, deren Rundschild das Portrait des Kaisers trug.

Nach diesen Vorbildern wurde der Typus der **Gottesmutter Orans mit Kind** gestaltet (T 2). Mit dem Gebetsgestus wurde Maria als Mensch dargestellt, der sich offen und vorbehaltlos auf den Weg einlässt, den Gott mit ihm gehen will. Es ist jene Maria, die dem Erzengel Gabriel, der ihr den Sohn ankündigt, antwortete: „Ich bin die Magd des Herren; mir geschehe, wie du es gesagt hast" (Lk 1,38). Der angekündigte Sohn Gottes, der durch Maria in die Welt eingehen sollte, wird vor ihrer Brust auf einem Medaillon, das dem Rundschild entspricht, dargestellt. Gemeint ist damit aber noch nicht der Mensch Jesus, sondern das göttliche Wort (Logos), das vor aller Zeit bei Gott war und erst Mensch werden sollte, nämlich der präexistente Logos. Die christlichen Theologen sahen dieses präexistente Wort Gottes in der symbolischen Gestalt des Immanuel angekündigt, von dem der Prophet Jesaja 7,14 sagt: „Seht, die Jungfrau wird ein Kind empfangen, sie wird einen Sohn gebären, und sie wird ihm den Namen Immanuel geben." Diese Symbolgestalt des Immanuel wird auf Ikonen stets als Knabe mit hoher Stirn dargestellt, entweder nur als Brustbild oder mit der Schriftrolle oder mit ausgebreiteten segnenden Armen und Händen. Die Ikone akzentuiert also die Maria als Gottesgebärerin, durch die der präexistente Logos Mensch geworden ist. Ein Hymnus drückt das so aus: „Du hast ohne Vater den Sohn im Fleisch geboren, der vor aller Zeit vom Vater ohne Mutter geboren wurde" (Felmy a, 12).

Da das Urbild dieser Ikone aus dem Blachernenviertel in Konstantinopel stammen soll, nennt man diese Gottesmutter Orans auch „Blacherniotissa". In der Basilius-Liturgie preist ein Hymnus diese Gottesmutter mit den Worten: „Zum Thron hat Gott deinen Schoß geschaffen und deinen Leib *weiter gemacht als den Himmel.*" Die Wendung „weiter als" heißt im Griechischen *platytera*. Danach wird dieser Typus der Gottesmutter Orans auch „Platytera" genannt. Der Prophet Jesaja hat seine oben zitierte Verheißung des Immanuel mit dem Satz eingeleitet: „Der Herr wird euch von sich aus ein *Zeichen geben.*" So erhielt diese Ikone in Russland den Namen „Znamenie", „Gottesmutter des Zeichens". Die Orans-Ikone galt bereits in Konstantinopel als Schutzherrin

2 – Orans / Die große Panhagia, nach der Gottesmutter von Jaroslavl, russisch, um 1224 (von Helmut Fischer).

MP
ΘY
IC
XC
Ο
Ω
Ν

der Stadt und dann auch als Schutzbild Russlands und vieler russischer Städte.

Die Gottesmutter Orans tritt aus reinem Goldgrund auf uns zu. Gold ist das Symbol für die Wirklichkeit Gottes. Das sagt dem Betrachter: Wo Menschen sich – wie Maria – vorbehaltlos dem Wort Gottes öffnen und sich davon leiten lassen, da tritt Ewigkeit in unsere Zeit, da bricht Gottes Reich auf dieser Erde an. In diesem Sinne lässt sich verstehen, dass Maria als „Himmelsleiter" gepriesen wird. Sie kann insofern als Himmelsleiter verstanden werden, als der unsichtbare Gott durch sie sichtbares Fleisch und Blut angenommen hat. Eben darauf weist das Medaillon mit dem Symbol des präexistenten Gotteswortes hin. Dieses Medaillon ist oft als Nimbus ausgebildet und bringt so Gottes Gegenwart im Hier und Jetzt unserer irdischen Realität zum Ausdruck.

Die Gottesmutter Orans kann halbfigurig (T 3) oder als Ganzfigur dargestellt werden. Die Ganzfigur steht auf einem Podest

S. 80:
3 – Znamenie / Gottesmutter des Zeichens / Platytera, nach einem russischen Typus des 17. Jahrhunderts (von Horst-Dieter Mennigmann).

4 – Mosaik der Gottesmutter Orans in der Apsis der Sophienkathedrale in Kiev, 11. Jahrhundert.

oder auf einem kaiserlichen Fußkissen. Darin drückt sich bereits etwas von der herrscherlichen Würde und Vollmacht aus, die man der Gottesmutter zuzuschreiben begann.

Die Gottesmutter Orans ohne Kind (T 4) vermittelt eine andere Botschaft als die Orans mit Kind. Die Beschriftung MP ΘY (= Mutter Gottes) und die drei Jungfrauensterne als Zeichen ihrer immerwährenden Jungfräulichkeit stellen auch hier sicher, dass Maria in ihrer Funktion als Mutter Jesu gemeint ist. Ihre zum Gebet erhobenen Hände drücken hier aber nicht primär die Aufgeschlossenheit gegenüber dem Wort Gottes aus; sie sind vielmehr als Gestus der Anbetung und vor allem der Fürbitte zu verstehen. Maria zeigt sich hier als die Mutter der Gläubigen, deren Bitten sie vor Gott bringt. Die Orans ohne Kind ist zwar seit dem 6. Jahrhundert in Konstantinopel bekannt, aber sie ist als Einzelbild nur selten anzutreffen. Ihr bevorzugter Platz in der Kirche ist der untere Bereich der Apsis. Das unterstreicht ihre Funktion als Fürbitterin besonders dann, wenn im oberen Bereich oder in der Kuppel der Apsis Christus in seiner himmlischen Herrlichkeit dargestellt ist. Die fürbittende Gottesmutter ist dann die Gestalt, die unsere irdische Welt mit der himmlischen verbindet. Sie ist die Brücke und der Weg des Heils. Durch diese räumliche Anordnung der Bilder in der Apsis wird der Gläubige dazu eingeladen, seine Bitten an die Gottesmutter zu richten, damit sie diese vor ihren Sohn oder vor Gott trägt. Dem liegt die Vorstellung zugrunde, dass Maria als die Mutter Jesu einen bleibenden Zugang zu ihrem Sohn hat. Der heilige Dimitrij von Rostov formuliert das so: „Nichts ist stärker und machtvoller auf Erden und im Himmel nach unserem Herrn Jesus Christus als die allerreinste Gebieterin, unsere Gottesgebärerin, die Immerjungfrau Maria. Machtvoll ist sie auch im Himmel. Den Gott selbst, den Gewaltigen und Starken, macht sie gefügig durch ihre Gebete. Den Gott, den sie dereinst in Windeln gewickelt hat, den umwickelt sie nun mit ihren Gebeten" (Bentchev, 13). Marias Vollmacht zur Fürbitte bleibt eindeutig an ihre mütterliche Verbindung zu Jesus gekoppelt. Das Vertrauen in die Kraft der Fürbitte Mariens kommt in einem griechischen Gottesmutterhymnus aus dem 9. Jahrhundert deutlich zum Ausdruck: „Aus schlimmen Gefahren hast du uns errettet; aus mannigfachen Versuchungen und Unglücken durch deine mütterlichen Bitten erlöst, singen wir dir mit den Stimmen des heißen Dankes ein Siegeslied" (Onasch b, 156).

Dieser Ikonentypus kann auf ein römisches Vorbild zurückgreifen. Eine weibliche Figur in Orantenhaltung galt im Römischen Reich als Symbol jener *pietas*, in der Liebe, Frömmigkeit und Treue zu Familie, Staat und den Göttern zum Ausdruck gebracht wurden. Den römischen Bürgern war diese Symbolfigur von den Münzen vertraut, auf denen sie oft erschien. Erst später wurde das Tugendsymbol der Orantin auf einzelne Menschen übertragen (T 5).

5 – Orante aus dem Coemeterium Iordanorum ad S. Alexandrum aus der 1. Hälfte des 4. Jahrhunderts.

6 – Paraklesis / Gottesmutter der Tröstung, nach einer Darstellung in Tivoli aus dem 13. Jahrhundert (von Helmut Fischer).

Die Orans mit oder ohne Kind wird stets frontal dargestellt. Ein dritter Typus der betenden Gottesmutter wird ohne Kind im Halbprofil und meistens auch halbfigurig gemalt: die **Gottesmutter Paraklesis** (Gottesmutter der Tröstung und Anrufung). Sie hält die Hände im Gestus der Fürbitte in Brusthöhe, entweder in gleicher Höhe oder die hintere Hand etwas höher als die vordere (T 6). Dieser Gottesmuttertypus ist charakteristisch für die Darstellung innerhalb der Deesis (Anbetungsreihe). Die Gebetshaltung der Maria setzt ein Christusbild neben sich voraus, dem sie sich anbetend und bittend zuwendet. Das Marienbild aus der Deesis hat sich freilich schon früh verselbständigt. Im autonomen Marienbild dieser Art ist Maria als die Fürbittende und als die Fürsprecherin verstanden. Die ältesten Zeugnisse für den Typus der Gottesmutter Paraklesis reichen bis in das 6. Jahrhundert zurück. Da die Urikone aus dem Chalke-Viertel in Konstantinopel stammt und dort verehrt worden sein soll, wird dieser Typus auch Chalkoprateia genannt. Eine andere Version sieht den Ursprung dieses Gottesmutterbildes in einer anderen Marienkirche Konstantinopels, in der der Sarg (griechisch *soros*) der Maria verehrt wird. Daraus entwickelte sich für diese Gottesmutterikone der Name „Hagiosoritissa (die Gottesmutter vom heiligen Sarg). Im orthodoxen Glauben geht es dabei nicht darum, die Rolle der Maria als Fürbitterin zu bekennen, sondern sie in der Liturgie und im persönlichen Gebet als die Fürbittende in Anspruch zu nehmen und sie dafür zu preisen.

Die thronende Gottesmutter

Die Ikone zeigt Maria frontal in königlicher Haltung auf einem Thronsessel sitzend. Thronsessel und Fußschemel sind Jahrtausende alte Insignien herrscherlicher Macht und Würde. Das rote kaiserliche Sitzkissen verstärkt diese Bedeutung. Das Gewand der Gottesmutter hat nicht mehr das erdige Braun, die Farbe der dienenden Magd. Maria trägt hier die imperiale Purpurfarbe mit starkem Blauanteil. Auf späteren Ikonen ist nur das Obergewand purpurfarben. Das Untergewand erscheint in einem geheimnisvollen tiefdunklen Blau des Himmels. Mit den Elementen der damals bekannten Symbolsprache wird Maria als eine auch im Himmel herrschende Gestalt dargestellt.

Auf dem Schoß der himmlischen Herrscherin thront – ebenfalls wie auf einem Thronsessel – Gottes Sohn. Auch er wird durchweg frontal dargestellt und zwar in der Körperachse der Mutter. Sein Gesicht ist das eines Knaben mit ausgeprägt hoher Stirn. Sein golddurchstrahltes Gewand, seine segnende Rechte und die Schriftrolle in seiner Linken weisen ihn als den Christus aus, der in der Vollmacht des Vaters in unsere Welt gekommen und zum Herrn über Himmel und Erde erhöht worden ist. Der Hymnus, der die Gottesmutter als „Thron Christi" besingt, ist hier Bild geworden. Diese Ikone bringt darüber hinaus zum Ausdruck, dass Maria an der Vollmacht des Sohnes teilhat. Manchmal wird sie sogar wie Christus mit segnender Rechten dargestellt. Ihr Rang über den Engeln (Hyperhagia) wird dadurch hervorgehoben, dass ihr Engel zur Seite gestellt werden, die sie überragt, oder dass Engel oder Heilige sie als Wächter oder dienende Gestalten flankieren.

Aufschlussreich für das hinter diesem Gottesmuttertypus stehende Marienverständnis ist ein byzantinisches Elfenbeindiptychon (zwei zusammengehörende Elfenbeintafeln) aus dem 6. Jahrhundert (T 7). Die eine Tafel zeigt Christus in der Gestalt des „Alten der Tage" nach Daniel 7,22 auf einem kostbaren Thronsessel mit Fußschemel und einem kaiserlichem Sitzkissen. Er segnet mit der Rechten und hält in seiner Linken ein mit Edelsteinen besetz-

7 – Elfenbein-Diptychon, byzantinisch, 6. Jahrhundert.

tes Evangelienbuch als Symbol des göttlichen Wortes, das er selbst verkörpert. Flankiert wird er von den deutlich kleiner und in anbetender Haltung dargestellten Aposteln Petrus und Paulus. Die andere Tafel zeigt die thronende Gottesmutter in gleicher Größe auf dem gleichen Thron sitzend (vgl. S. 2). Sie wird im Hintergrund flankiert von den kleiner gestalteten Erzengeln in Kriegertracht. Deren anbetende Haltung bezieht sich auf das vor der Gottesmutter thronende Kind, das in der gleichen Art dargestellt wird wie Christus auf der ersten Tafel. In den oberen Ecken beider Tafeln treten Sonne und Mond hervor, die Symbole für die immerwährende kosmische Herrschaft. Die kosmische Herrschaft wird damit auch Maria zugesprochen. Das gleichgestaltete Nebeneinander des thronenden Christus und der thronenden Gottesmutter begegnet uns in der gleichen Zeit auch als Mosaik in der Kirche S. Apollinare Nuovo in Ravenna.

Die thronende Gottesmutter ist bereits im 5. Jahrhundert in den Apsiden der Kirchen zu finden, ja, sie tritt oftmals sogar an die Stelle, die vorher Christus vorbehalten war. Das zeigt, dass die Tendenz schon früh einsetzte, die Mutter Maria ihrem Sohn in Vollmacht und Funktion anzugleichen.

8 – Thronende Hodegetria; Apsismalerei aus dem ägyptischen Bawit, Ende 6. Jahrhundert.

9 – Stehende Gottesmutter mit thronendem Kind. Apsismosaik in der Koimesiskirche in Nikaia, um 850. Die Wandspuren zeigen, dass die Gottesmutter an die Stelle eines Kreuzes getreten ist. Das Podest könnte ein Indiz dafür sein, dass das Kreuz an die Stelle einer bereits vorher dort dargestellten Gottesmutter gesetzt wurde.

Der königlich strenge Typus der thronenden Gottesmutter wurde im griechischen Bereich besonders prächtig ausgestaltet. Eine Variante dieses Ikonentyps zeigt Christus nicht mehr frontal und in der Körperachse der Maria, sondern auf ihrem Arm oder Knie sitzend. Auf einigen Ikonen wird Christus auch in einer Mandorla über dem linken Knie der Mutter schwebend dargestellt. Varianten dieser Art, die man vor allem in Syrien und Palästina findet, nennt man die „thronende Hodegetria" (T 8).

Aus dem Typus der thronenden Gottesmutter abgeleitet wurde eine **stehende Gottesmutter**, vor der in der Sitzhaltung eines Thronenden (also mit angewinkelten Beinen) das Christuskind schwebt (T 9). Sie erhielt den Namen Kyriotissa nach der Kirche *tou kyriou* (des Herrn) in Konstantinopel, wo eine Ikone dieses Typs besonders verehrt wurde. Da Maria hier nicht auf dem Herrscherthron sitzt, sondern im Gegensatz zu Christus als stehende Figur abgebildet ist, wird nicht ihre Entsprechung zu Christus hervorgehoben; vielmehr wird Christus als der in den Mittelpunkt gestellt, dem alle Gewalt im Himmel und auf Erden gegeben ist. In der Apsis der Koimesiskirche von Nicäa gab es vor dem Bildersturm ein Mosaik dieses Gottesmuttertyps. Es wurde im Zuge des Bildersturms durch ein Kreuz ersetzt und um 850 wieder erneuert. Die Hand Gottes, die hier aus einem Himmelssegment auf Maria weist, deutet an, dass das Geheimnis der Menschwerdung eben dieses Herrn des Kosmos zum Ausdruck gebracht werden soll.

Die Hodegetria / die den Sohn präsentierende Gottesmutter

Der Grundtypus der Hodegetriaikone zeigt Maria frontal oder mit leicht nach links geneigtem Kopf in königlich beherrschter Haltung und mit ernstem nach vorn gerichteten Blick (T 10). Ihr Gewand ist braunrot bis purpurrot. Das Braun der dienenden Magd ist zum imperialen Rot hin verändert worden. Haltung, Gesichtsausdruck und Grundfarbe schaffen zwischen Maria und dem Betrachter eine respektvolle Distanz. Die königliche Mutter ist durch ihre drei Jungfrauensterne als die Gottesgebärerin gekennzeichnet. Sie präsentiert den Sohn Gottes, den sie auf dem linken Arm trägt. Christus ist in souveräner Haltung ebenfalls frontal oder leicht nach rechts gewendet abgebildet. Er segnet mit der Rechten und hält in der Linken eine geschlossene Schriftrolle. Sein Nimbus ist als Kreuznimbus ausgebildet, in den die beiden Worte O ΩN (gesprochen *ho oon*; wörtlich übersetzt: der Seiende), eingetragen sind. Mit diesen beiden Worten hat man versucht, den geheimnisvollen und deshalb nur umschreibbaren alttestamentlichen Gottesnamen in griechischer Sprache auszudrücken. Die Umschreibung könnte lauten: „Ich bin, der ich war, der ich bin und der ich sein werde." Die Einheitsübersetzung gibt den Gottesnamen mit „Ich bin da" wieder. Das entspricht nach christlichem Verständnis dem letzten Wort des auferstandenen Christus im Matthäusevangelium: „Seid gewiss: Ich bin bei euch alle Tage bis zum Ende der Welt."

Durch die Farben seiner Gewänder wird das menschliche Kind als von göttlicher Art ausgewiesen. Die Gewänder des Kindes kön-

10 – Hodegetria, nach der gnadenvollen Gottesmutter in Sofia, bulgarisch, 16. Jahrhundert (von Helmut Fischer).

nen rot, weiß oder goldfarben sein. Rot gilt als die Farbe des Feuers und der göttlichen Energien. Sie symbolisiert auch das Blut, das Christus hingibt und zugleich das Leben, das er bringt. Weiß steht für das göttliche Licht und enthält die Botschaft „Ich bin das Licht der Welt“ (Joh 8,12). Das Obergewand wird durch Goldstrahlen strukturiert, die ebenfalls auf das Göttliche hinweisen, das hier in Menschengestalt erscheint.

Auf Ikonen wird das Wichtigste stets vorn abgebildet. Das Wichtigste ist auf allen Gottesmutterikonen zweifellos Christus. Seine segnende Hand sagt, dass aller Segen von ihm ausgeht. Die Schriftrolle in seiner Hand verdeutlicht, dass er das heilende und helfende Wort Gottes ist. Darauf weist die auf den Sohn verweisende Hand der Mutter hin.

Dennoch ist mit dem Hodegetriatypus auch der Maria eine wichtige Rolle zugewiesen. Von ihr, die wie eine Kaiserin den künftigen Thronfolger der Öffentlichkeit präsentiert, darf auch der Gläubige großmütige Hilfe und den Schutz der so mächtigen Mutter erwarten. Ein Hymnus zum Festtag der Gottesmutter von Smolensk drückt das so aus:

> „Meine über alles gütige Königin,
> meine Hoffnung, o Gottesgebärerin,
> Hort der Waisen und der Wanderer Schutz,
> der Betrübten Freude und der Leidenden Beschirmung,
> du siehst meine Not,
> du siehst meine Trübsal.
> Hilf mir, einem Schwachen,
> führe mich, einen Wanderer.
> Du kennst mein Leid,
> befreie mich davon, so wie du willst.
> Denn ich habe außer dir keine andere Helferin,
> keine andere Beschützerin,
> keine gütige Trösterin,
> nur dich allein, o Gottesgebärerin,
> um mich zu bewahren und zu behüten
> in die Ewigkeit der Ewigkeiten. Amen“ (Onasch b, 162)

Mit dem Namen „Hodegetria/Wegführerin“ ist durch diese Ikone Maria als jene mütterlich-königliche Gestalt gekennzeichnet, der sich der Gläubige auch auf den schwierigsten Etappen seines Lebensweges anvertrauen kann.

Die Herkunft dieses berühmtesten Gnadenbildes von Byzanz, das in der gesamten Ostkirche am populärsten und auch am weitesten verbreitet ist, bleibt ungeklärt. Die Legende, wonach die Ur-Ikone vom Evangelisten Lukas gemalt sein soll, ist erst seit dem 12. Jahrhundert nachgewiesen. Ungewiss bleibt auch, ob ein historischer Kern in der Überlieferung steckt, nach der die erste Hodegetria-Ikone von der Kaiserin Eudokia ihrer Schwägerin Pulcheria 453 von Jerusalem oder von Antiochien mitgebracht worden ist. Die frühe Verbindung zu Konstantinopel ist insofern gut verbürgt, als die Hodegetria-Ikone seit dem 9. Jahrhundert als das Palladium (schützendes Heiligtum) von Konstantinopel galt und die Stadt vor vielen feindlichen Eroberungsversuchen bewahrt haben soll. Die Ikone wurde auch in viele Schlachten mitgenommen und bei siegreicher Rückkehr der Truppen als Siegbringerin gefeiert. Das ursprünglich großformatige und mobile Gnadenbild scheint 1453 bei der Eroberung Konstantinopels durch die Osmanen zerstört worden zu sein.

Der Name „Hodegetria" soll von dem Kloster der Wegführer (*ton hodegon*) in Konstantinopel kommen, wo die Ikone ihren ursprünglichen Standort hatte. In diesem Kloster der Wegführer sollen sich die Mönche um Blinde gekümmert haben. Die Hodegonkirche in Konstantinopel hat ihren Namen freilich erst im 9. Jahrhundert erhalten. Eine andere Tradition bringt die Ikone mit dem Hodegonkloster am Marmarameer in Verbindung, wo die Seeleute vor Fahrtbeginn die Gottesmutter gebeten haben sollen, ihnen den richtigen Weg zu weisen und sie schützend zu begleiten. Nach einer weiteren Tradition sei die Ikone 453 in der Blachernenkirche von Konstantinopel aufgestellt worden, wo sie viele Wunder gewirkt und auch zwei Blinden das Augenlicht wiedergegeben haben soll, was zu ihrem Beinamen „Hodegetria/Wegführerin" geführt haben könnte. Welche der Versionen auch immer historisch zutreffend sein mag: Der Name „Hodegetria" hat sich jedenfalls für diesen Typus der Gottesmutterikone durchgesetzt.

Die Gottesmutter Hodegetria wird durchweg halbfigurig dargestellt. Die ganzfigurig dargestellte Gottesmutter mit dem Kind auf dem linken Arm, wie sie in einem Apsismosaik in Chiti/Zypern aus dem 7. Jahrhundert erhalten ist, kann man als Vorläuferin der klassischen Hodegetria verstehen. Diese Vorläuferin ist sehr selten und hat sich möglicherweise aus der thronenden Hodegetria entwickelt (T 11)

11 – Apsismosaik der Gottesmutter Hodegetria in der Kirche der Panagia Angeloktistos, Chiti/Zypern, 7. Jahrhundert.

Die Urform der Hodegetriaikone, auf der Mutter und Kind aufrecht und frontal dargestellt werden, ist später mannigfach abgewandelt und variiert worden: Das Kind wendet sich zur Mutter; die Mutter wendet sich zum Kind (T 12); Mutter und Kind wenden sich nach der gleichen Seite; die Mutter neigt ihren Kopf zum

12 – Hodegetriatypus mit Elementen der Glykophilousa, nach der Gottesmutter von Tichvin, nordrussisch, Anfang des 17. Jahrhunderts (von Helmut Fischer). In Russland sehr beliebt.

Kind hin u. a. m. Diese Varianten ändern am Marienverständnis nichts; sie vermindern freilich die strenge Distanz, die bei frontaler Darstellung zwischen der Gottesmutter und dem Betrachter geschaffen wird.

Ein inhaltlich zusätzlicher Akzent wird gesetzt, wenn die Hodegetria eine Krone und kostbare Brokatkleider erhält, die mit Edelsteinen und Borten geschmückt sind (T 13). Mit diesen zusätzlichen Insignien der Macht und Würde wird Maria als die auch im Himmel Herrschende charakterisiert. Gelegentlich hält die Gottesmutter sogar ein Zepter oder einen zepterähnlichen Blütenzweig in ihrer Rechten, und das Kind erscheint ebenfalls gekrönt und trägt die Sphaira, die kosmische Kugel, in seiner Hand. Dadurch wird die bis in den Himmel reichende Mittlerschaft der Mutter und ihre bleibende Nähe zu ihrem Sohn hervorgehoben.

In Russland wurde ab dem 18. Jahrhundert die Gottesmutter wieder stehend und ganzfigurig mit dem Kind auf dem linken Arm in unterschiedlichen Zusammenhängen abgebildet. Kind und Mutter sind gekrönt und von einer Mandorla umschlossen.

Abweichend vom klassischen Hodegetriatypus zeigen manche Ikonen das Kind nicht auf dem linken, sondern auf dem rechten

13 – Gottesmutter von Tschenstochau, 2. Hälfte des 14. Jahrhunderts. Gilt als das religiöse Nationalheiligtum Polens.

14 – Tricheirousa / Die dreihändige Gottesmutter, nach einem serbischen Typus um 1700 (von Ingrid Nienhaus).

Arm der Mutter. Man nennt diesen Ikonentypus daher **„Dexiokratousa"** (die rechts Tragende) (T 23). In Syrien entstand eine Ikone, die Maria mit drei Händen zeigte (T 14). Sie hat sich in vielen Varianten verbreitet. Diese **„Tricheirousa"** (Dreihändige) hebt in den Augen ihrer Verehrer die helfenden Hände der Gottesmutter hervor. Eine Legende erzählt diese Begebenheit so: Der Kalif hatte dem großen Bildertheologen und Mariendichter Johannes von Damaskus (gest. um 750) die Hand abschlagen lassen. Johannes konnte sich seine abgeschlagene Hand wieder beschaffen und hielt sie im Gebet vor einer Marienikone an den verbliebenen Armstumpf. Maria erreichte, dass der Arm wieder anwuchs. Diese Legende ermutigt den Verehrer der Tricheirousa dazu, die Hilfe der Gottesmutter selbst in aussichtsloser Lage in Anspruch zu nehmen. Dem geschichtlichen Hergang kommt es wohl näher, wenn man sich Folgendes vorstellt: Eine Person, die ihre kranke Hand durch die Hilfe der Gottesmutter geheilt sah, ließ die geheilte Hand nachbilden und heftete diese Nachbildung als Dank für die Heilung an den unteren Rand der Gottesmutter-Ikone. Diese Votivgabe wurde von einem späteren Ikonenmaler als die dritte Hand der Maria in die Ikone integriert.

Eine Variante der Hodegetria ist die **Gottesmutter der Passion** (T 15). Auf dieser Ikone wendet das Kind seinen Kopf von der Mutter weg über die Schulter nach hinten und erblickt die Passionswerkzeuge, die ihm von den Erzengeln entgegengetragen werden. Schutzsuchend legt es seine linke Hand in die anbetend hinweisende Hand der Mutter. Diese Gottesmutterikone bindet Gottes Menschwerdung und das in der Passion Jesu sich vollendende Heilswerk Gottes zu einer festen Einheit zusammen. Das geschieht zwar in allen Gottesmutterikonen andeutungsweise auch dadurch, dass Mutter und Kind stets mit einem ernsten Gesicht dargestellt werden, so, als blickten beide auf den Weg voraus, der dem Kind bevorsteht. Hier aber wird die Einheit des Heilsgeschehens von der Geburt bis zum Tod Jesu durch die Passionswerkzeuge deutlicher ausgedrückt. Das Bewusstsein für diese Einheit hat die orthodoxen Gottesmutterikonen dauerhaft davor bewahrt, sich zu süßlichen Mutter-Kind-Idyllen zu verselbständigen, in denen die theologische Botschaft durch rein emotionale Aussagen zugedeckt und ersetzt wird. Die Ikone der Gottesmutter der Passion ist auch in der römisch-katholischen Kirche weit verbreitet und sie wird hoch verehrt.

15 – Gottesmutter der Passion, nach einem kretischen Typus vom Ende des 15. Jahrhunderts (von Helmut Fischer). Seit 1865 in Rom.

MP
ΘV
IC XC

Die Glykophilousa / die Umilenie / die mütterliche Gottesmutter

Der Gottesmuttertypus der Glykophilousa hat zwei Kennzeichen: Zum einen stehen Gottesmutter und Kind dem Betrachter oder Beter nicht mehr frontal gegenüber, wie das für die frühen Hodegetriaikonen die Regel war. Mutter und Kind wenden und neigen sich einander zu. Zum anderen schmiegen Mutter und Kind ihre Wangen zärtlich aneinander. Mutter und Kind präsentieren sich auch nicht mehr in imperialer Würde und Distanz. Sie zeigen sich im engen Kontakt und in einer intimen Atmosphäre.

In allen darüber hinausgehenden Details herrscht große Vielfalt. Die Gottesmutter kann thronen oder stehen, sie kann ganzfigurig oder nur als Halbfigur abgebildet sein. Die Mutter kann das Kind ansehen oder sinnend an ihm vorbei blicken. Sie und auch das Kind können eine Krone tragen. Das Kind kann auf dem Knie oder auf dem rechten oder linken Arm der Mutter sitzen oder sich zu ihr erheben. Es kann den Hals der Mutter umschließen oder nach ihrem Maphorion (Kopf- und Schultertuch) greifen oder in ihr Gesicht fassen. Es kann eine Schriftrolle halten oder segnen.

Dieser Ikonentypus betont die mütterliche und menschliche Nähe Marias zu ihrem Sohn, eine Nähe, die nicht verlorengegangen ist. Deshalb kann Maria die Bitten der Gläubigen so wirkungsvoll an Jesus vermitteln und entsprechend auf ihn einwirken. Da Maria als die Mutter aller Christen, ja, aller Menschen verstanden wird, darf sich der Beter auch in dem Kind erkennen, dem sie sich so liebevoll zuwendet. Die Nähe, die die Mutter zu ihrem Sohn zeigt, erlebt der Beter auch als Nähe zu sich.

Der Bildtypus der Glykophilousa ist vor dem 7. Jahrhundert nicht nachweisbar. Er stammt möglicherweise aus Ägypten. Denkbar ist aber auch sein Ursprung in Konstantinopel. Der kaiserliche Hof hat den Kult dieser Ikone jedenfalls sehr gefördert. Seine Vorbilder hat der Glykophilousatyp in den Darstellungen der vorchristlichen Muttergottheiten. Seit dem 10. Jahrhundert war die Glykophilousa auch außerhalb von Konstantinopel verbreitet. Anfang des 12. Jahrhunderts gelangte sie in der Gestalt einer in Konstantinopel gemalten Version über Kiev nach Russland, wo sie nach der Stadt Vladimir den Namen „Vladimirskaja" erhielt (T 16).

16 – Gottesmutter von Vladimir, nach dem byzantinischen Urtypus vom Anfang des 12. Jahrhunderts (Von Helmut Fischer).

MP ΘY
IC XC

In diesem vergleichsweise späten Gottesmuttertypus kommen bereits die psychologischen Elemente der zärtlichen Zuneigung in der Mutter-Kind-Beziehung zum Ausdruck, die in den älteren Bildern noch fehlen. Früher als in den Ikonen artikuliert sich in den Marienhymnen die enge persönliche Beziehung der Gläubigen zur Gottesmutter. Das intime Verhältnis zwischen Beter und Gottesmutter verdeutlicht ein Marienhymnus aus dem 9. Jahrhundert:

„Durch dich wurden wir aus Gefahr errettet,
durch dich erlangten wir Freude.
Als gütige Geberin und ruhmreiche Helferin preisen wir dich.
Reich an deiner heiligen Fürbitte sind wir,
die du uns befreit von Fehlern und Gefahren..."

Dieses Verhältnis der Nähe sucht sich auch in den Ikonen seinen Ausdruck.

Die persönlich gelebte russische Marienfrömmigkeit, die uns in der Ikone der Glykophilousa entgegentritt, ist in der Gefahr, in Maria nicht mehr den Hinweis auf Christus zu sehen, sondern sie an die Stelle von Christus zu setzen. Vielleicht veranlasste auch das den russischen Religionsphilosophen N. A. Berdjajev (gest. 1948) zu der Feststellung, dass die russische Religiosität „nicht so sehr eine Religion Christi, als eine Religion der Gottesgebärerin" sei (Felmy b, 14).

Die Tendenz, die Marienfrömmigkeit auf ein subjektives Verhältnis zu Maria zu reduzieren und den ehemaligen Bezugspunkt Christus auszublenden, hat sich im römischen Katholizismus noch stärker durchgesetzt als in der Orthodoxie. Das wird auch sprachlich daran deutlich, dass hier die Bezeichnung „Madonna" an die Stelle von „Gottesgebärerin/Gottesmutter" getreten ist. Während in dem Titel „Gottesgebärerin/Gottesmutter" Maria gleichsam objektiv durch ihr Verhältnis zu Christus definiert wird, tritt in der Bezeichnung „Madonna/meine Herrin" das subjektive Verhältnis des Gläubigen zu Maria in den Vordergrund. Christus wird sprachlich ausgeblendet und wird inhaltlich nur über die Vermittlung durch Maria erreichbar. Für viele Marienbilder des Westens liefert seit der Renaissance das Christusereignis nur noch den Vorwand, um eine Mutter-Kind-Idylle oder eine schöne junge Frau, möglichst mit entblößter Brust, darzustellen.

Der Name „Glykophilousa/die süß Küssende/die zärtlich Liebkosende" ist zunächst Ehrentitel einiger Ikonen dieses Typs und wird erst später zur Typenbezeichnung. Als Abgrenzung zum Hodegetriatypus ist im griechischen Sprachraum auch die Bezeichnung „Eleousa/die Barmherzigkeit Schenkende“ und in Russland die Bezeichnung „Umilenie/Rührung/Innigkeit“ üblich.

Aus der Vielzahl der Glykophilousa-Varianten seien hier nur drei charakteristische Beispiele vorgestellt: In Ägypten haben koptische Christen den Typus der **Stillenden Gottesmutter/Galaktotrophousa/Maria lactans** entwickelt (T 17). Er ist einem in Ägypten seit Jahrhunderten bekannten Motiv nachgebildet, nämlich der thronenden Göttin Isis, die den Horusknaben nährt (T 18). Die Vielzahl der Varianten (T 19) zeigt an, dass diesem Motiv keine Urikone in der Gestalt eines lokal verankerten Gnadenbildes zugrunde liegt, sondern eine Bildidee, die in unterschiedlicher Weise ausgeformt werden konnte. Das Motiv taucht bereits Anfang des 3. Jahrhunderts in der Priscilla Katakombe in Rom auf. In Rom sammelten und mischten sich bekanntlich die religiösen Traditionen aus allen Regionen des Reiches. Das Motiv der Stillenden Gottesmutter betont die Menschwerdung Gottes und mag auch als Einspruch gegen jene christliche Sekten verstanden worden sein, die behaupteten, Gott habe nur zum Schein menschli-

17 – Galaktotrophousa / Die stillende Gottesmutter, koptisch, Bawit/Ägypten, 6. Jahrhundert.

che Gestalt angenommen, sei aber in Jesus nicht wahrer Mensch geworden. Das Motiv ist erst spät in den Kanon der orthodoxen Marienbilder aufgenommen worden und blieb auch selten.

Während beim Grundtypus der Glykophilousa Mutter und Kind sich einander zuneigen, zeigt eine Variante, die im 11. Jahrhundert entstand, ein Kind, das mit der Mutter in die gleiche Richtung blickt. Die Urikone, die als Lukasikone gilt, wurde 1082 vom byzantinischen Kaiser dem Kykkos-Kloster auf Zypern geschenkt. Dieser Ort brachte der Ikone die Typenbezeichnung **Kykkotissa**

18 – Die ägyptische Göttin Isis mit dem Horusknaben. Bronze, 800 – 700 v. Chr.

19 – Galaktotrophousa / Die stillende Gottesmutter, nach einem westrussischen Typus vom Anfang des 18. Jahrhunderts (von Jörg Kalina).

20 – Gottesmutter Kykkotissa, nach einer zyprischen Darstellung vom Ende des 18. Jahrhunderts (Von Burkhard Klein). Die Ikone stellt auch die Legende dar, wonach der Evangelist Lukas die Kykkotissa gemalt hat.

ein. Eine zyprische Ikone aus dem 18. Jahrhundert zeigt sogar, wie der Evangelist die Kykkotissa malt (T 20).

Den Rahmen des Üblichen sprengt die Ikone der Gottesmutter **Pelagonitissa** (T 21). Das Kind sitzt rittlings mit dem Rücken zum

21 – Gottesmutter Pelagonitissa, nach einem byzantinischen Typus von 1422 (von Helmut Fischer).

Betrachter auf dem rechten Arm der Mutter, umschmeichelt mit zurückgeworfenem Kopf das Kinn und mit der Hand die Wange der Mutter, die trotz des spielenden Kindes mit traurigem Blick auf dessen schweren Weg vorausblickt. Der Bildtyp, der seit dem 13. Jahrhundert nachgewiesen ist, geht auf ein verlorenes Gnadenbild im makedonischen Pelagonia zurück, wovon auch der Name „Pelagonitissa" hergeleitet worden ist.

22 – Gottesmutter von Kazan, nach einem russischen Typus aus der 2. Hälfte des 17. Jahrhunderts (von Gerburg Eisenmann).

23 – Gottesmutter von Jerusalem, russisch, Ende 19. Jahrhundert. Das Kind sitzt auf dem rechten Arm der Mutter, deshalb Dexiotrichousa genannt.

Schließlich bleibt noch festzustellen, dass eine Reihe von Gottesmutterikonen sich als **Mischtypen** erweisen. So zeigt die **Gottesmutter von Kazan/Kazanskaja** (T 22) eine Maria, die in der Art der Glykophilousa ihr Haupt zum Kind neigt, das aber aufrecht und frontal zum Betrachter an ihrer linken Seite steht. Die Urikone soll 1509 in der Asche eines niedergebrannten Hauses in Kazan gefunden worden sein. Auf der Ikone der **Gottesmutter von Jerusalem/Ierusalimskaja** (T 23) ist Maria in der Haltung der Glykophilousa und das Kind wie auf den Hodegetriaikonen dargestellt.

8. Einige nichtautonome Gottesmutterikonen

Zu den autonomen Gottesmutterbildern zählen alle Ikonen, auf denen Maria allein oder mit dem Kind dargestellt ist. Sie sind in den Typen der Orans, der Thronenden Gottesmutter, der Hodegetria, der Glykophilousa und deren Varianten und Mischtypen vorgestellt worden. Es gibt darüber hinaus szenische Bilder, auf denen Maria eine zentrale Rolle spielt. Auf einige charakteristische Motive dieser Art soll im Folgenden eingegangen werden.

Nicht dargestellt werden in unserem Zusammenhang jene szenischen Ikonen, die biblische Texte oder Marienlegenden ins Bild bringen. Deren Sinn ergibt sich aus eben diesen Texten. Es gehören dazu z. B. die Bilder, die aus den Vorgeschichten der Evangelien des Matthäus und Lukas, aus dem Protevangelium des Jakobus und aus späteren Marienlegenden entwickelt worden sind: Die Geburt der Maria, die Verkündigung an Maria, die Begegnung der Maria mit Elisabeth, die Geburt Jesu, die Begegnung Jesu mit Simeon und Anna im Tempel, Maria unter dem Kreuz, die Kreuzabnahme, die Beweinung Christi, die Grablegung Christi, die Himmelfahrt Christi, Pfingsten, die Gewandniederlegung der Gottesmutter, die Gürtelniederlegung.

Entschlafen der Gottesmutter Koimesis (T 24)

Über Umstände, Ort und Datum des Todes und der Bestattung der Mutter Jesu ist nichts bekannt. Legenden über ihren Heimgang (transitus) liefen seit dem 5. Jahrhundert um. Dazu gehörte auch die Vorstellung von der leiblichen Aufnahme Mariens in den Himmel, die freilich lange umstritten war. Seit dem 6. Jahrhundert wird ein Fest des Entschlafens der Gottesmutter (Koimesis) gefeiert, das Kaiser Maurikios um 600 auf den 15. August festlegte. Dieses Marienfest hat wie andere Formen des Marienkults dazu beigetragen, die Verehrung der altorientalischen Muttergottheiten Ischtar, Isis u. a. zurückzudrängen. Maria hat viele Funktionen jener altorientalischen Muttergottheiten übernommen und diese darin noch übertroffen.

24 – Koimesis / Entschlafen der Gottesmutter, nach einer Darstellung aus der Schule von Tver, 15. Jahrhundert (von Hildegard Rall).

Im 6./7. Jahrhundert beginnt sich bereits ein Kultbild zum Fest der Koimesis zu entwickeln. Als wesentliche Elemente dieses hochkomplexen Kultbildes haben sich herausgebildet: die Trauerszene an der Bahre Marias, die Aufnahme ihrer Seele durch Christus, die Aufnahme ihres Leibes. Die frühesten Koimesisbilder waren entsprechend der Himmelfahrt Christi gestaltet. Obwohl die Koimesis schließlich eine eigenständige Form fand, ist die inhaltliche Parallelität zur Himmelfahrt Christi nicht zu verkennen.

Die Koimesisikone dokumentiert, dass bereits im 6. Jahrhundert die Tendenz bestand, Person und Leben der Gottesmutter dem Sohn gleich zu gestalten. Die Vorstellung vom Heimgang der Maria und ihre Aufnahme in den Himmel ist wesentliche Voraussetzung dafür, dass sie im Himmel ihre Funktion als Fürbitterin und Vermittlerin wahrnehmen kann.

Gottesmutter Verschlossener Garten / hortus clausus (T 25)

Bereits früh verband man in Byzanz wie auch in Russland das Bild des Paradieses mit einer thronenden, von Engeln flankierten Gottesmutter. Den Gedanken, Maria als die neue Eva zu verstehen, wird man in diesen Bildtypus nicht eintragen dürfen, da die Orthodoxie diese erst in der römisch-katholischen Kirche ausgebildete Marientypologie nicht kennt. Die späteren Ikonen zeigen Maria in einem abgeschlossen Garten, der als Symbol der Jungfräulichkeit gilt und die Unberührtheit der Gottesmutter hervorhebt. In der westlichen Malerei ist das Symbol des hortus clausus oder conclusus in den Bildern der Maria im Paradiesgärtlein und im Rosenhag reichlich vertreten.

Gottesmutter Unverbrennbarer Dornbusch (T 26)

In 2. Mose 3 wird erzählt, wie Mose, der die Ziegen seines Schwiegervaters Jetro hütete, an den Gottesberg Horeb kam. „Dort erschien ihm der Engel des Herrn in einer Flamme, die aus dem Dornbusch emporschlug. Er schaute hin: Da brannte der Dornbusch und verbrannte doch nicht.“ Dieser Text wird schon früh von den Kirchenvätern als Weissagung auf die Jungfrau Maria verstanden: Sie hat Gott in sich getragen, wurde aber vom göttlichen Feuer nicht verzehrt. In einem Gottesmutterhymnus aus dem 9.

25 – Gottesmutter Verschlossener Garten / Hortus clausus, russisch, Ende des 17. Jahrhunderts.

Jahrhundert heißt es: „Mose erkannte im Dornbusch das große Mysterium deines Gebärens." Die bereits um 1100 nachweisbare **byzantinische Version** einer Ikone, die Maria als Symbol des unverbrennbaren Dornbusches darstellt, zeigt Mose, der angesichts des brennenden Dornbusches seine Schuhe auszieht. In den Flammen des Dornbusches erscheint Maria mit Christus. Auf der einen Seite deutet ein Engel dem aufblickenden Mose das Geschehen. Auf der anderen Seite ist Mose ein zweites Mal zu sehen, wie er sich in verehrender Haltung dem Dornbusch zuwendet. Dieser Typus ist hier nicht dargestellt.

In **Russland** hat sich ein hochkomplizierter Typus dieses Gottesmuttermotivs entwickelt. Im Zentrum der hier abgebildeten Ikone steht eine halbfigurige Gottesmutter, meistens in der Art des Hodegetriatyps. Der Christusknabe sitzt auf ihrem linken Arm und erscheint ein zweites mal vor ihrer Brust. Die Gottesmutter wird bereits in ihrer himmlischen Vollendung dargestellt. Darauf weisen alle Symbole ihres Gewandes und des inneren Sternes hin, den sie ausfüllt. In ihr Gewand ist die Himmelsleiter eingezeichnet, die auch in der rechten unteren Ecke auftaucht. Das Obergewand zeigt nicht die üblichen Gewandfalten, sondern ist mit einem Wolkenmuster, dem Symbol der göttlichen Sphäre, ausgestaltet. Die Jungfrauensterne sind durch Engelköpfe ersetzt. Der innere Stern ist mit Engelgestalten dicht gefüllt, in der oberen Spitze sogar mit einem Seraphen, einer Engelgestalt der höchsten Stufe. Ein weiterer Hinweis auf die Vollendung der Gottesmutter ist der Gestaltung der beiden Sterne zu entnehmen. Sie sind so übereinander gelegt, dass sie zusammen einen achtzackigen Stern bilden. Die Zahl acht gilt als das Symbol der Vollkommenheit. In die Spitzen des roten Sterns sind die Symbole der Evangelisten eingetragen. Damit wird ausgedrückt , dass die Botschaft von der Vollendung der Gottesmutter in alle Welt hinausgetragen werden soll. Der achtzackige Stern ist der Ikone „Christus inmitten der himmlischen Mächte" nachgebildet. Darin zeigt sich die Tendenz, die Gottesmutter der Gestalt Christi anzunähern. In den acht Rosettenfeldern zwischen den Sternenspitzen sind Engel mit verschiedenen Symbolen zu sehen. Der Rand der Ikone ist mit acht Feldern besetzt, in denen Hinweise auf die Gottesmutter eingetragen sind. Oben in der Mitte ist in einem kelchförmigen Feld mit Wolkenstruktur Gottvater in der Gestalt des Alten der Tage zusammen mit der Immanuelgestalt vergegenwärtigt. Im Nimbus des Alten der Tage wiederholt sich der achtzackige Stern. In der linken oberen Ecke wird eine Szene aus 2. Mose 3,2 wiedergegeben: Der Engel Gottes erscheint dem Mose in einem brennenden Dornbusch. Das ist jene Szene, die von den Kirchenvätern als Hinweis auf die Geburt des Gottessohnes aus der Jungfrau gedeutet wurde. In der Mitte der seitlichen Ränder sind die Könige Salomo und David mit entrollten Schriften abgebildet. Links unten ist der Prophet Hesekiel dargestellt, der (Hes 44,1f) vor jener „verschlossenen Pforte" steht, durch die nur der Erlöser eintreten darf. Im Oval des unteren Randes in der Mitte liegt der Prophet Jesaia, der (Jes 7,14) von der jungen Frau spricht, die den Immanuel gebären wird, der (Jes 9,5) den Blick auf das Kind richtet, das sich als Friedensfürst erweist, und der (Jes 53) auf den Gottesknecht hinweist, der unsere Schuld auf seine Schultern nimmt und sich wie ein Lamm zur Schlachtbank führen lässt. Rechts unten erscheint ein Engel vor Jakob, der in Bethel einen

26 – Gottesmutter Unverbrennbarer Dornbusch, nach einem russischen Typus des 18. Jahrhunderts (von Jörg Kalina).

Traum von der Himmelsleiter hatte (1. Mose 28,12). Der (hier nicht eingetragene) Titel der Ikone lautet: „Ich weidete die Schafe und sah den Dornbusch der allerheiligsten unverbrennbaren Gottesgebärerin“. Die theologisch außerordentlich vielschichtigen Aussagen dieser Ikone wurden und werden in der Volksfrömmigkeit freilich nur sehr vage wahrgenommen. Der orthodoxe Kunsthistoriker Ivan Bentchev sagt: „Der einfache Volksglaube sah in der Dornbusch-Ikone, die auf volkstümlichen Ikonen oft auf ein sehr einfaches Schema reduziert wurde, nicht viel mehr als die Schutzikone vor Feuer. Daher gehörte sie zu den beliebtesten und bekanntesten“ (Bentchev, 86). Dieses Phänomen der Vereinfachung und Reduktion begegnet uns auch in der Volksfrömmigkeit des Westens.

Gottesmutter Lebenspendende Quelle / Zoodochos Pege (T 27)

Im byzantinischen Raum gab es viele den alten Heilgöttern geweihte vorchristliche Quellheiligtümer, zu deren Wasser und Kurbetrieb die Heilung suchenden Menschen pilgerten. Diese alten Quellheiligtümer wurden im Zuge der Christianisierung weithin in Quellen der Gottesmutter umgewidmet.

Die daraus entstandenen Ikonen folgen durchweg einem bestimmten Aufbauschema. Im unteren Teil des Bildes wird die als Becken oder Bassin eingefasste Quelle dargestellt, um die sich Heilung suchende Menschen drängen. In der Mitte der Quelle schwebt auf einer Säule eine Art Brunnenschale, in der die halbfigurige Gottesmutter mit Kind erscheint, und zwar entweder im Typus der Orantin mit dem segnenden Christus im Medaillon vor der Brust oder im Typus der Hodegetria. Die Gottesmutter wird auf manchen Ikonen von Seraphen und Cheruben und auf den meisten Ikonen von den Erzengeln Michael und Gabriel im Gestus der Verehrung flankiert und von diesen auf einigen Ikonen auch gekrönt. Die obere Bildhälfte verdeutlicht, dass die Gottesmutter als himmlische Gestalt inmitten der himmlischen Mächte gesehen wird, die wegen ihrer unmittelbaren Nähe zu Christus und Gott als mächtige Fürsprecherin in Anspruch genommen werden kann.

Dieser Bildtypus der Lebenspendenden Quelle ist im byzantinischen Raum seit dem 14. Jahrhundert belegt und hier oft ver-

27 – Gottesmutter Lebenspendende Quelle / Zoodochos Pege, griechisch, 19. Jahrhundert.

treten. In Russland wird diese Ikone in einigen Teilen variiert, ist hier aber erst später und seltener anzutreffen.

Gottesmutter Aller Leidenden Freude (T 28)

Im Mittelpunkt dieses Ikonentyps steht eine gekrönte ganzfigurige Gottesmutter vom Typ der Hodegetria, umschlossen von einer meist kunstvoll ausgestalteten Mandorla. Über der Mandorla, die oft von zwei Engeln flankiert wird, erscheint – durch Wolken begrenzt – die Trinität oder der Christus-Pantokrator. Um die Mandorla stehen die unterschiedlichsten Gruppen von Notleidenden, so z. B. Nackte, die um Kleidung bitten, Kranke, Hungri-

28 – Gottesmutter Aller Leidenden Freude. Palecher Schule, Anfang des 19. Jahrhunderts, Ikonenmuseum Frankfurt am Main.

ge, Durstige, Taube, Behinderte, Bedrückte und seelisch Leidende aller Art, die angeführt von Engeln, für je ihre Not durch die Fürsprache der Gottesmutter Hilfe erbitten. Deren Mandorla stößt wie ein Keil durch die Wolken bis in den Bereich der Trinität vor. Das Leiden und damit auch die Hilferufe, die auf entrollten Schriftfahnen verdeutlicht werden, dringen auf diese Weise bis zu Gott vor.

Mit dieser Ikone wird ein Text aus dem Akathistos-Hymnus ins Bild gebracht, der lautet:

„Zu dir, die annimmt unsere Gaben, flehen wir nun:
von allem Unglück erlöse uns,
und von der künftigen Strafe alle befreie,
die zu dir rufen: Halleluja!"

Ihren Namen leitet die Ikone von dem Marienbild her, in dem es heißt: „Du meine Königin... *Freude aller Leidenden,* Beschützerin der Gekränkten, hebe meine Not auf." Diese typische Nothelfer-Ikone, die aus der Liturgie und aus dem Wunsch nach Hilfe entstanden ist, gibt es seit dem 18. Jahrhundert in Russland in unterschiedlichen Versionen. Einen ikonographischen Vorläufer hat diese Ikone im Gnadenbild der Kirche Santa Maria Maggiore in Rom „Heil des römischen Volkes/Salus Populi Romani", dessen Bildidee vielleicht bis ins 6. Jahrhundert zurückreicht.

Gottesmutter Schutzmantel / Pokróv (T 29)

Die Schutzmantelikone ist aus einer Legende hervorgegangen. Danach hatte der Narr in Christo Andreas (gest. 936) in der Blachernenkirche von Konstantinopel eine Vision: Er sah, wie die Gottesmutter in einem Nachtgottesdienst ihr Kopf- und Schultertuch (Maphorion) über das betende Volk ausbreitete. Diese Legende wurde von Fürst Andrej Bogoljubskij (gest. 1174) zu einem Schutzmantelfest ausgebaut, das nur in Russland gefeiert wird. Es scheint an Schutzriten alter heidnischer Muttergottheiten anzuknüpfen.

In der Antike gab es den Rechtsakt des Mantelschutzes. Er wurde in der Weise vollzogen, dass der Schutzgebende seinen Mantel über den Schutzsuchenden hielt. Diese Rechtsvorstellung ist in die Schutzmantellegende und in das Schutzmantelfest eingegangen. In der Schutzmantelikone werden die liturgischen Inhalte des

Schutzmantelfestes in die Sprache des Bildes übertragen. Es bildeten sich zwei Versionen heraus.

In der hier wiedergegebenen älteren, zentralrussischen Version hält die ganzfigurig dargestellte Maria das Schultertuch auf ihren Armen. In der jüngeren nordrussischen Version wird das sehr viel längere Schultertuch von zwei Engeln über einer Maria in Orantinnenhaltung ausgespannt. Über der Szene hält Christus seine segnenden Hände. Der in der Legende überlieferte Vorgang, der sich selbstverständlich im Inneren der Kirche abspielt, wird stets vor der Kirchenfassade dargestellt. Als Zeugen des Geschehens und als Festteilnehmer werden ganze Gruppen von Heiligen abgebildet. Im unteren Teil der Ikone steht der Hymnendichter und Sänger Romanos im Mittelpunkt, auf größeren Ikonen umgeben von der lobsingenden Gemeinde. Oft wird auch die Legende dargestellt, die erzählt, wie Romanos zu seiner schönen Stimme gekommen ist. Die Themen Schutzmantelfest und Romanos erscheinen vermutlich deshalb stets gemeinsam auf einer Ikone, weil sie beide am gleichen Tag, nämlich am 1. Oktober, gefeiert wurden.

Die Schutzmantellegende wurde schon bald nach 1100 in die russisch-orthodoxe Liturgie integriert und danach zur Ikone ausgeformt. In der Liturgie des Schutzmantelfestes heißt es:

> „Ein großer Schutz für die Betrübten bist du, reine Gottesgebärerin,
> eine schnelle Helferin, die Erlösung und Befestigung der Welt...
> der Schutz der Welt.“

Versammlung / Synaxis der Gottesmutter (T 30)

Diese Ikone ist als Ergänzung zur Weihnachtsikone zu verstehen. Der Grundgedanke ist die Anbetung des auf dem Schoß der Mutter thronenden Kindes. Ein Hymnus, der im Gottesdienst des 25. und 26. Dezember gesungen wird, ist in die Sprache des Bildes übertragen worden:

> „Was sollen wir dir darbringen, Christe und Gott,
> der du um unsertwillen auf Erden wie ein Mensch gesehen wirst?
> Ein jeder bringt dir Dank dar von dem von dir Geschaffenen:
> Die Engel den Gesang,
> die Himmel den Stern,

29 – Gottesmutter Schutzmantel / Pokrov, russisch, 19. Jahrhundert, Ikonenmuseum Frankfurt am Main.

die Weisen die Gaben,
die Hirten das Erstaunen,
die Erde die Höhle,
die Wüste die Krippe,
wir aber die jungfräuliche Mutter.“

Die thronende Gottesmutter mit dem Kind auf ihrem Schoß steht grundsätzlich im Mittelpunkt dieses Bildtyps. Um diesen Mittelpunkt werden die Aussagen der einzelnen Zeilen des Hymnus unterschiedlich angeordnet und gestaltet. Auf dieser sehr einfachen Ikone bringen in der obersten Zone die (manchmal auch flügellosen) Engel mit ihrem Gesang der Gottesmutter ihre Verehrung dar. In der mittleren Zone links bringen die Magier ihre Gaben. Rechts von Mutter und Kind äußern die Hirten ihr Erstaunen über das Wunder dieser Geburt. Auf komplizierteren Ikonen beugen sich wie auf der Weihnachtsikone auch Ochs und Esel über das göttliche Kind. Jeder bringt dem Kind die für ihn typische Gabe. In den unteren Ecken werden Erde und Wüste von zwei allegorischen Frauengestalten verkörpert, deren eine dem Hymnus gemäß die Höhle, und deren andere die Krippe herbeibringt. In der Mitte der unteren Zone stellt sich, meistens geleitet vom Meloden Kosmas von Majum, die Gemeinde in ihrem an die Gottesmutter gerichteten Lobpreis selbst dar. Die Ursprünge der Ikonographie dieser Ikone reichen bis in das 11. Jahrhundert zurück.

Zum Schluss seien noch zwei Ikonen vorgestellt, die sich auch den autonomen Ikonen zuordnen ließen.

Die Gottesmutter von Achtyrka (T 31)

Sie ist im 19. Jahrhundert entstanden und zeigt eine Gottesmutter, die ihre Hände zur Anbetung faltet und sich dabei nach links wendet und neigt, wo der gekreuzigte Christus erscheint. Die Ikone, von der man Hunderte Heilungswunder erzählt, erhielt in Russland einen eigenen Festtag.

30 – Synaxis (Versammlung) der Gottesmutter, Detail eines Triptychons der Moskauer Schule vom Anfang des 17. Jahrhunderts, Ikonenmuseum Recklinghausen, Inv. Nr. 203.

31 – Gottesmutter von Achtyrka, nach einem russischen Typus aus der 1. Hälfte des 19. Jahrhunderts (von Monika Glass).

32 – Weine nicht um mich, Mutter, nach einem russischen Typus des 17. Jahrhunderts (von Hildegard Rall).

Weine nicht um mich, Mutter (T 32)

Diese Ikone hat keinen Festtag. Die halbfigurige Gottesmutter steht hinter dem offenen Grab und stützt den toten Christus in seinem Sarg. Im Hintergrund erhebt sich das Kreuz. Inhalt und Name der Ikone gehen auf einen Hymnus aus dem 7. Jahrhundert zurück:

> „*Weine nicht um mich, Gottesmutter,*
> wenn du mich im Grabe erblickst,
> den du als Sohn im Mutterschoß ohne Samen empfingst;
> denn ich werde auferstehen und verherrlicht werden,
> und in den Himmel auffahren in Herrlichkeit,
> unaufhörlich als Gott,
> im Glauben und mit Liebe dich preisend."

Dieser Hymnus wie auch seine bildgewordene Ikone legen den Lobpreis der Maria in den Mund Christi. Die irdische Gemeinde wird damit aufgefordert, in das von Christus dargebrachte Marienlob einzustimmen. Zum Marienlob – nicht zu einer bestimmten Marienlehre – fordert letztlich jede Gottesmutterikone auf.

Ein **Marienlob** weist stets aber über die Person der Gottesmutter hinaus und ist in seinem Kern ein Bekenntnis zu Christus. Das wird in einem der Marienlieder, die zu jeder feierlichen Vesper vorgetragen werden, sehr deutlich. Es beginnt mit dem Lob der Maria, kommt aber bereits im zweiten Satz zu dem Sohn, deretwegen sie gelobt und angerufen wird. Es heißt dort: „Wer wird Dich nicht preisen, Allerheiligste Jungfrau, wer wird Deiner allerreinsten Geburt nicht lobsingen? Zeitlos erstrahlt der eingeborene Sohn vom Vater, und Dieser kommt von Dir, Du Reine, unaussprechlich Fleisch geworden, der Natur nach Sohn Gottes und der Natur nach um unseretwillen Mensch, doch nicht in zwei Naturen geteilt, sondern in zwei Naturen unvermischt erkannt. Bitte ihn, Du Reine, Allerheiligste, dass er sich unserer Seelen erbarme." Der erste und der letzte Satz dieses Lob- und Bittgesangs sind auf Maria bezogen. Die beiden Sätze umschießen wie ein schützender Leib die Bekenntnisaussagen zu Christus, wie sie vom Konzil in Chalcedon 451 formuliert worden sind. **Die Gottesmutterikonen der orthodoxen Christenheit sind in allen ihren Varianten letztlich Bekenntnisse zu Christus.**

Zitierte Literatur

Adam, A., und Berger, R., Pastoralliturgisches Lexikon, Freiburg 1980

Alfejev, H., Geheimnis des Glaubens – Einführung in die orthodoxe dogmatische Theologie, Freiburg/Schweiz, 2003

EdE = Enzyklika de Eucharistia, (Abendmahlsenzyklika), 2003

Beinert, W. (Hg.), Lexikon der katholischen Dogmatik, Freiburg, 2. Aufl., 1988

Bentchev, I., und Haustein-Bartsch, E., Muttergottesikonen, Recklinghausen 2000

Benz, E., Geist und Leben der Ostkirche, München, 3. Aufl., 1988

CIC = Codex Iuris Canonici / Codex des kanonischen Rechts, (1983), 3. Aufl., 1989

DH = Denzinger, H. und Hünermann, P., Kompendium der Glaubensbekenntnisse und kirchlichen Lehrentscheidungen, Freiburg, 37. Aufl., 1991

Diekamp, F., Katholische Dogmatik, Münster, 7. Aufl., 1936

Felmy (a), K. Ch., Orthodoxe Theologie, Darmstadt 1990

Felmy (b), K. Ch., Die Gottesmutter in Theologie und Frömmigkeit der orthodoxen Kirche, in: Bentchev, I., und Haustein-Bartsch, E., Muttergottesikonen, Recklinghausen 2000

Felmy (c), K. Ch., Artikel Mariologie – orthodox, in: RGG, 4. Aufl., Bd. 3, 2002, Sp. 827ff

Grass (a), H., Die katholische Lehre von der Heiligen Schrift und von der Tradition, in: Quellen zur Konfessionskunde, Reihe A, Heft 1, Lüneburg 1954

Grass (b) H., Traktat über Mariologie, Marburg 1991

Härle, W., Dogmatik, Berlin/New York, 2. Aufl., 2000

Heiser, L., Quellen der Freude – Die Hochfeste der orthodoxen Christen, Gersau 2002

Hünermann, P., Weitere Eskalation?, in: Herder Korrespondenz 54, 7/2000, S. 335-339

KEK = Katholischer Erwachsenen-Katechismus, Kevelaer u. a., 1985

KKK = Katechismus der Katholischen Kirche, München u. a., 1993

Küng, H., Maria ökumenisch gesehen, in: Moltmann-Wendel, E., u. a. (Hg), Was geht uns Maria an?, Gütersloh 1988, S, 9-14

Lange, R., Das Marienbild der frühen Jahrhunderte, Recklinghausen 1969

Larentzakis, G., Die orthodoxe Kirche, Graz 2000

LG = Lumen gentium, (Dogmatische Konstitution über die Kirche), 1964

McKenzie, J., Die Mutter Jesu im Neuen Testament, in: Moltmann-Wendel, E., u. a. (Hg.), Was geht uns Maria an?, Gütersloh 1988, S. 23-40

RM = Enzyklika Redemptoris Mater (Marienenzyklika), 1987

Onasch (a), K., Ikonen, Berlin o. J. (1961)

Onasch (b), K. und Schnieper, A., Ikonen – Faszination und Wirklichkeit, Freiburg 1995

RGG, 3. A. = Religion in Geschichte und Gegenwart, Tübingen, 3. Aufl., Bd. 4, 1960

RGG, 4. A. = Religion in Geschichte und Gegenwart, Tübingen, 4. Aufl., Bd. 5, 2002

Schöpsdau, W. (Hg.), Mariologie und Feminismus, Göttingen, 1985

Thöle, R., Artikel Marienverehrung – orthodox, in RGG Bd. 3, 4. Aufl., 2002, Sp. 822-824

Thon (a), N., Ikone und Liturgie, Trier 1979

Thon (b), N., Artikel Orthodoxe Kirche, in Drehsen, K. u. a. (Hg.), Wörterbuch des Christentums, Gütersloh/Düsseldorf 1955, S. 921-923

TRE = Theologische Realenzyklopädie, Berlin/New York, Bd. 22, 1992

Bildnachweis

Aus: I. Bentchev / E. Haustein Bartsch, Muttergottesikonen, Recklinghausen, 2000: **Abb. 23**; Aus: Das Museum für Spätantike und Byzantinische Kunst Berlin, Ph. v. Zabern, 1992: **Abb. 7**; Aus: R. Lange, Das Marienbild der frühen Jahrhunderte, Bongers, Recklinghausen, 1969: **Abb. 8, 9, 11, 17**; Aus: K. Onasch / A. Schnieper, Ikonen, Herder, Freiburg 1995: Abb. **4, 13, 27**; Aus: K. Onasch, Ikonen, Union Verlag Berlin, o. J.: **Abb. 25**; Aus: S. Schoske / D. Wildung, Gott und Götter im Alten Ägypten, Ph. v. Zabern, 2. Aufl. 1993: **Abb. 18**; Aus H. A. Stützer, Die Kunst der römischen Katakomben, DuMont TB 141, 1983: **Abb. 1, 5**; Ikonenmuseum Frankfurt/Main: **Abb. 28, 29**; Ikonenmuseum Recklinghausen: **Abb. 30**; Michael Imhof: **Abb. S. 2, Abb. 2, 3, 6, 10, 12, 14, 15, 16, 19, 20, 21, 22, 24, 26, 31, 32**

Vom selben Autor bei uns erschienen:

Von Jesus zur Christusikone
191 Seiten, 40 Abb.
(Michael Imhof Verlag, Petersberg 2005)
ISBN 3-86568-025-9

Weitere Bücher von Helmut Fischer:

Die Welt der Ikone
Das religiöse Bild in der Ostkirche
2. Aufl., Insel Verlag, Frankfurt 2005 (it 1883)
ISBN 3-458-33583-8

Die Ikone
Ursprung – Sinn – Gestalt
3. Aufl., Carl Albrecht Verlag, Hannover 2001
ISBN 3-9806127-4-0

Schnellkurs CHRISTENTUM
DuMont Verlag, Köln 2001, (DuMont Tb 525)
ISBN 3-7701-5376-6